Les Éditions ATMA In

La *simplicité* au QUOTIDIEN

Carol Boucher

TABLE DES MATIÈRES

↓♥ Ce symbole que l'on retrouve dans le texte représente l'énergie associée à une image mentale ou à une émotion liée à une situation que je fais passer de ma tête vers mon **cœur♥**, qui mène alors à une guérison dans l'**amour** ou au renforcement d'une attitude positive.

REMERCIEMENTS

Ce livre a été rendu possible grâce au soutien de plusieurs piliers et je tiens à les remercier.

Tout d'abord, merci aux membres des ***Éditions ATMA internationales*** pour la réalisation de ce magnifique livre.

Je **prends** aussi **conscience** que grâce aux synchronicités, j'ai eu la chance de rencontrer Jacques Martel à l'été 2011. Grâce à lui et aux ***Éditions ATMA internationales***, ce livre est maintenant publié et distribué. Je veux donc te remercier, Jacques, pour tes conseils judicieux, tes magnifiques ouvrages et ta présence dans ma vie.

La personne qui a eu le plus d'influence pour écrire et réviser ce livre, est ma charmante femme Julie Flamand-Gobeil. Depuis plusieurs années son cheminement et ses épreuves m'ont énormément enseigné et c'est ce qui m'a permis de trouver les sujets des enseignements de ma vie. Je te dédie donc ce livre pour te remercier. Grâce à tes talents et à ton soutien, ce livre d'outils devient accessible pour aider un maximum de personnes.

PRÉFACE

Cet ouvrage a comme objectif d'améliorer la vie de toute personne désirant changer son quotidien. Il est le fruit de plusieurs années d'expérience et son but est de rendre plus facilement accessible le changement ainsi que le contrôle de sa vie.

Ce livre de développement personnel présente 15 chapitres explicatifs ayant chacun un concept d'apprentissage visant à prendre sa vie en main. Chaque chapitre comprend une description du thème ainsi que deux exemples concrets inspirés d'événements qui se sont véritablement passés dans la vie de gens qui m'ont côtoyé ou dans ma propre expérience.

J'offre ce livre à tous ceux qui cherchent à prendre le contrôle de leur vie sans pour autant y mettre trop de temps et d'énergie. C'est mon premier ouvrage inspiré de ma vérité et de mon contenu provenant de toutes les conférences que j'ai offertes au cours des dernières années.

Même si je ne suis pas un grand lecteur de livres spirituels ou de développement personnel, mon contenu est unique et ma façon de transmettre l'enseignement est différente, puisque ce livre ne contient aucune inspiration extérieure, mais juste un message logique et rationnel que j'ai expérimenté.

Je conseille au lecteur de prendre le temps de lire chaque chapitre, de bien intégrer tous les enseignements transmis et de tester les outils qui y sont présentés. Il ne sert à rien de lire un livre au complet si je ne me souviens plus de son contenu après quelques jours ! J'invite donc les gens à utiliser cet ouvrage comme un outil de consultation. Feuilletez-le de temps en temps afin de prendre quelques minutes pour intégrer les messages importants qu'il contient.

La réussite dépend seulement de soi. Il est important de trouver les clés de notre réussite afin de prendre le contrôle de notre vie. Grâce à la synchronicité, ce livre est entre vos mains et vous avez maintenant l'outil de votre réussite !

INTRODUCTION

Je prends conscience

La vie est une expérience dans laquelle j'évolue. Chaque jour, je vis de nouvelles situations qui me font grandir et qui m'amènent à **prendre conscience** de tout ce qui m'entoure. Ma façon de voir la vie est grandement associée à mon environnement, mes comportements et mes actions, et ce depuis mon tout jeune âge. Je comprends que la façon dont j'ai été élevé a une grande influence sur ce que je suis, mais aussi sur ce que je vis durant toute ma carrière d'humain.

Tout commence par la programmation de ma façon de voir la vie à travers l'enseignement que j'ai acquis. Elle est soit remplie de positivité, de motivation et d'énergie ou de limitations et de peurs. Je comprends que mes parents, mes amis, mon environnement scolaire ou divers autres facteurs ont grandement influencé ma façon de voir les choses.

Selon les épreuves, les traumatismes ou les difficultés vécus dans ma jeunesse, je comprends que la vie m'amènera des situations semblables à affronter. Ces créations mentales, positives ou négatives, me permettront de créer mon chemin de vie. Qu'il soit facile ou difficile, plus je **prends conscience** de ce que j'attire, plus j'ai la capacité de modifier la façon dont réagit ma vie.

Pour mieux comprendre et modifier mes comportements dans mes épreuves, j'ai besoin d'outils efficaces pour y parvenir. Je **prends** donc **conscience** de mes capacités intérieures présentes en moi.

Première étape pour améliorer mon quotidien : je change mon vocabulaire. La vibration des mots possède une énorme influence sur la façon dont je crée chaque jour. Chaque mot a une vibration unique, peu importe la langue ou le contexte où je l'utilise. Si j'emploie des mots ayant une vibration négative, ils affecteront ma pensée de façon négative. Au contraire, si la vibration est positive, ils auront une influence positive sur ma vie.

Plusieurs études scientifiques ont démontré que la pensée a une influence sur la vie en général. Je **prends** donc **conscience** de l'importance des mots que j'utilise afin que ma pensée puisse créer de façon constructive à chaque instant.

Deuxième étape : je **prends conscience** que la pensée crée. Elle est créée par deux mécanismes, soit la **conscience** et l'inconscience. La **conscience** est celle où j'utilise mes cinq sens. Elle est donc liée à ce que je vis à chaque instant. Avec ma partie consciente, j'ai la possibilité de créer un environnement positif au moment présent.

Par contre, l'inconscient est la partie la plus puissante de ma pensée. Sa compréhension est simple puisqu'elle est le mécanisme de répétition continuelle de tout ce que je lui inculque. Lorsque j'utilise couramment des expressions néfastes, celles-ci s'incrustent dans ma pensée et se répètent constamment, affectant mon quotidien. Pour bien créer ma vie, je **prends** donc **conscience** de ces deux mécanismes.

Troisième étape : l'importance de comprendre la loi d'attraction. Cette loi universelle m'accompagne dans mon parcours, et ce depuis ma naissance. Elle est un bonus dans mon expérience. Bien sûr, nous vivons avec diverses lois universelles, mais celle-ci ne fonctionne point si je le mérite. Il est donc important d'apprendre à l'utiliser correctement. L'abondance positive ou négative apportée dans ma vie correspond à ma façon de créer. Je mets donc en **lumière** les manières les plus faciles pour créer. J'utilise cet outil avec ma pensée et avec mes émotions. Lorsque je **prends conscience** que cette loi affecte ce que je vis, j'arrive à prendre ma vie en main.

Quatrième étape : pour prendre le contrôle de ma vie, je dois comprendre que je vis dans mon propre monde et que toutes les choses que je crée avec mon vocabulaire et ma pensée sont des créations pour moi. Je **prends conscience** que j'ai le contrôle de ma propre matrice, de mon propre environnement. Cette matrice est dirigée par une matrice principale, que j'appelle la société. Par les gens et les situations qui m'entourent, celle-ci m'affecte au quotidien. Je ne peux changer la matrice principale, mais je peux arriver à changer la mienne et influencer celle des autres. Je suis donc en contrôle de ce que je vis et de la façon dont je veux vivre. Si je suis esclave de la société, je ne peux arriver à prendre le contrôle de moi. En **devenant conscient**, je deviens le maître de ma vie. J'arrive également à comprendre les limitations de ce que je peux affecter autour de moi. Il est donc important que je choisisse, avant tout, ma vie en conséquence de mon évolution, afin de pouvoir affecter les autres.

Cinquième étape : je vis le miroir de mon expérience. Je comprends que chaque chose qui arrive est créée par moi. Que ce soit une maladie, les gens que j'attire ou des situations complexes et difficiles, je réalise que tout est devant moi pour m'aider à avancer et devenir plus fort. Tout ce que je vis a une influence sur mon expérience et chaque chose que j'attire est un enseignement. Je suis donc responsable des situations problématiques ou bénéfiques qui arrivent dans mon quotidien. En **prenant conscience** de ce facteur, je cesse d'accuser l'extérieur de m'affecter et d'influencer ma vie. Je suis celui qui possède toutes les forces nécessaires dans ma vie pour évoluer.

Évidemment, je prends le temps et l'énergie nécessaire pour emmagasiner tous ces outils en étant conscient de leurs effets sur ma personne. Plus je suis prêt au changement, à la nouveauté, plus je suis prêt à vivre avec le meilleur de moi-même. Cette ouverture permettra de me remettre en question et de chercher la meilleure façon d'améliorer ma vie, mon quotidien afin de l'embellir. **Prendre conscience** de mon expérience, de mes limitations et de mes capacités, c'est la meilleure façon de m'enrichir et de traverser chaque étape de ma vie afin d'évoluer.

CHAPITRE 1

J'apprends à devenir important

La seule et unique personne que je peux aider, c'est moi-même, puisque je suis la personne la plus importante dans ma vie. Pour la plupart, je suis là pour les autres, car c'est ce qui domine dans ma vie depuis mon enfance. Bien sûr, être présent auprès des autres m'aide beaucoup à m'épanouir, mais il est fort possible que je m'oublie. Ainsi, je dois **prendre conscience** que la personne la plus importante, c'est moi.

L'enseignement que j'ai reçu tout au long de mon parcours a eu des conséquences positives et négatives sur la façon de me choisir. Dire que je suis la personne la plus importante m'amène à être dans une certaine forme d'ego. Je dois donc **prendre conscience** de ce qu'est l'ego et de ses limitations.

Sans ego, je ne peux me choisir, car c'est l'outil qui me permet d'être conscient de qui je suis. Je dois ma fierté, mes talents, ma réussite et mon évolution à mon ego. Sans celui-ci, je ne peux **prendre conscience** de mon parcours et me comparer à la personne que j'étais face à celle que je suis devenue.

Avec cette forme d'ego, il est possible pour moi d'évoluer. J'apprends à dire non aux autres afin de dire oui à moi-même. Je comprends que me choisir implique parfois de décevoir les autres, mais me mettre en valeur et me donner de l'importance m'aidera grandement dans l'évolution de ma personne. Il sera donc parfois difficile de me choisir à cause de la déception des autres. Toutefois, les répercussions positives sur ma vie viendront de ces actions. Favoriser l'apprentissage de me choisir me permettra d'améliorer positivement mon environnement.

J'apprends à avoir du jugement avec l'ego, afin de comprendre ce que les autres vivent et également ce que je vis. Pour changer mes comportements afin d'améliorer ma façon de vivre, j'utiliser cet ego pour puiser dans mes forces intérieures afin de me permettre d'être tout simplement plus fort. Ma réussite dépend de moi et de la manière dont je me choisis.

L'ego peut m'aider à augmenter ma confiance en moi. Je dois seulement mettre en valeur tous mes talents que j'ai développés depuis l'enfance. Si je ne **prends** pas **conscience** de l'importance des talents que je possède, j'aurai beaucoup plus de difficulté à augmenter l'estime de moi-même.

La limite de l'ego se trouve dans le narcissisme. Il est facile de comparer les gens qui utilisent l'ego. Certains se sentent supérieurs, d'autres l'utilisent afin d'augmenter leur confiance et de chercher à évoluer. Ce mauvais côté de l'ego est utilisé lorsqu'une personne devient narcissique et se compare aux autres en les rabaissant. Si je cherche à l'utiliser ainsi, celui-ci m'amènera sûrement plusieurs difficultés dans ma vie. Il est donc important que j'utilise mon ego pour l'évolution de ma personne et non pour diminuer les autres.

Je **prends conscience** que me choisir implique souvent de me rapprocher de cette ligne de narcissisme. Il y a une différence entre utiliser l'ego pour soi et l'ego en public. Avec moi-même, je peux me sentir supérieur et chercher à augmenter mon estime, sans que l'ego soit néfaste dans ma vie. En public, par contre, je dois simplement apprendre à doser ma façon de juger ou de comparer. Avoir de l'ego pour augmenter ma confiance n'a aucun effet négatif. Je dois seulement utiliser la comparaison et le jugement afin de voir mon évolution.

Me choisir est quelque chose que je dois faire quotidiennement. Plus je me choisis, plus je me permets d'avancer et de me donner de l'importance. En me priorisant, je me permets de grandir à un rythme beaucoup plus rapide. Il est toutefois plus difficile de se choisir au début, puisque c'est nouveau pour moi. Avec le temps, ce processus deviendra de plus en plus facile à force de prendre ma place.

Pour devenir la personne la plus importante, je dois comprendre et accepter↓♥ que j'ai des qualités, mais aussi des défauts. Malheureusement, je dois les accepter↓♥ puisqu'ils sont des obstacles à mon évolution. Je dois donc m'accepter↓♥ tel que je suis afin de voir et de découvrir la véritable personne que je suis réellement.

Pour prendre ma place dans ma vie, je dois comprendre que mon environnement m'affecte. Il faut comprendre que les gens qui m'entourent sont là pour une raison. Si je **prends conscience** de leur présence et m'éloigne des gens néfastes, ce sera plus facile pour moi de me choisir. Ainsi, si je suis entouré de gens qui croient en moi, je serai beaucoup plus motivé et optimiste. Me choisir implique donc de cesser d'être tout le temps là pour les autres, ce qui permettra un changement en moi et autour de moi.

Exemple 1 : Lise doit apprendre à se choisir.

Lise était une personne qui avait beaucoup de difficultés à prendre sa place et à s'affirmer à son travail. Vivant de l'intimidation, elle avait de la difficulté à affronter toute forme de situation conflictuelle. Elle aimait beaucoup aider les autres et avait une forte tendance à s'oublier. Elle vivait de l'abus à son travail, car elle en faisait beaucoup plus que les autres. Son travail était irréprochable, mais il y avait toujours des gens pour la juger ou la diminuer.

Elle a donc décidé de se prendre en main. Elle a **pris conscience** qu'elle était le miroir de la situation et a accepté↓♥ de reconnaître, sans être d'accord, ce qu'elle attirait dans sa vie. À partir de cet instant, Lise se donnait de l'importance. Elle a commencé à utiliser son ego, et par l'accomplissement positif de ces tâches, elle a augmenté sa confiance. Elle a pu comparer la personne qu'elle était à celle qu'elle était devenue. Elle a cessé de donner de l'importance aux gens qui la diminuaient et l'intimidaient pour accorder plus d'importance aux gens qui croyaient en elle. En quelques semaines, son environnement a évolué très rapidement. Elle a changé sa vision des choses et a modifié l'impact qu'elle avait dans sa propre matrice.

Elle a appris à accepter↓♥ qui elle était pour mieux comprendre les changements qu'elle avait besoin de faire à son environnement. Elle s'est donné de l'encouragement et a amplifié chacune de ses qualités en se les répétant constamment. Ce qui a eu un bon impact sur sa confiance ainsi que sur le choix de prendre sa place. Ces changements conscients ont permis de diminuer les situations conflictuelles et d'améliorer son milieu de travail. Au lieu d'en faire trop à son travail, elle a appris à limiter ses tâches afin que d'autres les accomplissent. Elle a constaté que plus elle s'affirmait, plus les gens autour d'elle changeaient. Plus Lise prenait sa place, plus les gens qui l'entourent lui en laissaient. Elle a donc cessé d'attirer des gens qui la jugeaient puisqu'elle ne se jugeait plus.

Pour comprendre les effets sur son environnement, Lise a donc appris à utiliser son ego en acceptant↓♥ ses qualités et ses défauts afin de mieux savoir qui elle était réellement. C'est à ce moment que sa vie et son environnement ont changé positivement.

Exemple 2 : Éric doit comprendre l'important de se choisir.

Toute sa vie, Éric a accepté↓♥ de faire plaisir à tout le monde. Cet homme généreux donnait sans compter puisqu'il était incapable de dire non. Aider les autres lui faisait du bien, mais il remettait toujours à plus tard ses propres projets. Après plusieurs années à agir de cette manière, Éric a fait faillite et est devenu malade. Il était dépressif et plus rien ne le stimulait dans sa vie. C'est seulement au début de la cinquantaine qu'il a décidé de se reprendre en main.

Éric a donc **pris conscience** de ses défauts et les a acceptés↓♥. Il a changé sa vision des choses pour apprendre à dire non. Il a constaté que son côté dépressif était alimenté par sa culpabilité et sa dépréciation. C'est en acceptant↓♥ de changer cet aspect de lui-même qu'il a appris à se choisir et à faire des choses pour lui. S'il faisait quelque chose pour les autres, c'était parce que son cœur♥ lui disait de le faire. C'est comme s'il acceptait↓♥ de sélectionner ce qu'il voulait faire plutôt que ce qu'il devait faire.

En **prenant conscience**, Éric a commencé à utiliser son ego pour se gratifier plutôt que se déprécier. Ce changement lui a permis de redevenir la personne motivée et énergique qu'il avait été. En disant non, il a repris sa vie en main. Il s'est donc choisi.

Mantra : Je suis la personne la plus importante.

CHAPITRE 2

J'apprends à avoir confiance en moi

Sujet assez complexe, la confiance en soi est parfois difficile à cibler. Elle est associée à plusieurs facteurs de ma vie autant passée que présente. Plus j'arrive à comprendre mes déficiences et mes défauts, plus je mets en place des arguments positifs pour améliorer ou changer ma vision des choses. Pour y parvenir, il existe plusieurs outils qui aident au développement de l'estime de soi afin d'augmenter ma confiance.

Au départ, pour augmenter mon estime, je dois arriver à comprendre le principe de l'**amour**. Certains n'ont pas connu l'**amour**, d'autres l'ont connu, mais avec des déficiences telles que la dépendance ou le manque. Comme je veux évoluer, je **prends conscience** que me donner de l'**amour** m'aidera à augmenter ma confiance. Si je donne trop d'**amour** aux autres, je m'oublie et m'éloigne de mon accomplissement.

Être en **amour**, c'est quoi? C'est devenir un être à 100% aimé puisque la personne qui m'aime vient compenser l'**amour** que je ne peux me donner. Ainsi, 50% de cet **amour** est de moi et l'autre moitié provient de la personne avec qui je suis. J'ai donc l'impression de devenir aimé totalement, ce qui m'amène à vivre l'**amour** parfait. On constate que l'**amour** de l'autre diminue avec le temps puisque les défauts de l'être aimé prennent plus de place que ses qualités. C'est à ce moment que je donne moins d'**amour** et que j'en reçois moins. Lorsqu'arrivent les enfants, l'**amour** renait et compense le manque d'**amour** à l'intérieur de moi. Ce qui amène une recherche constante d'**amour** extérieur pour compenser le manque d'**amour** intérieur.

Pour comprendre le manque d'**amour**, je dois comprendre que, vivant une expérience terrestre, les vibrations de peurs entrainent facilement l'auto-sabotage chez moi. Il est donc normal pour moi de préférer combler un manque à l'extérieur plutôt que de regarder à l'intérieur afin d'améliorer quelque chose en moi. C'est ce même principe de sabotage qui m'empêchera d'avancer et de m'ouvrir aux changements.

Sortir de sa routine sécuritaire pour vivre de la nouveauté est difficile pour la plupart d'entre nous puisque tout changement peut briser ma structure. Il est donc naturel de vouloir continuer dans cette voie. Alors si je suis habitué de chercher l'**amour** vers l'extérieur, il sera beaucoup plus difficile pour moi de changer et de le trouver à l'intérieur de moi puisque mon côté autodestructeur continuera à le chercher à l'extérieur. Je peux combler ce manque d'**amour** de différentes façons, soit par le matériel, l'amitié, l'aventure ou par d'autres besoins extérieurs.

Les réponses que je cherche se trouvent à l'intérieur de moi. Cependant, cette recherche intérieure est souvent peu exploitée puisqu'elle ramène de vieilles blessures à la surface. Je préfère donc oublier, accumuler ou mettre de côté toute forme d'émotion qui m'amènerait à être vulnérable.

J'accepte↓♥ que l'auto-sabotage fasse partie de moi. Comme je suis la personne la plus importante dans ma vie, je me prends en main. Je suis donc prêt à découvrir les outils qui m'aideront à avancer et à évoluer afin d'augmenter ma confiance et de me transmettre l'**amour** dont j'ai besoin.

Pour me transmettre de l'**amour**, je dois, tout d'abord, me donner de l'importance. Grâce à un petit exercice tout simple, je peux arriver à me donner l'importance dont j'ai besoin. Je dois simplement me regarder dans le miroir en fixant mes yeux, mon regard. On dit que les yeux sont le regard de l'**Âme**. Ainsi, lorsque je fixe mon regard, je me donne de l'importance et le droit d'exister. Je peux percevoir ma vraie personnalité, mes forces et mon énergie. Si j'existe, je peux me donner la même attention que je donne aux autres. Cette technique est une bonne façon de se connecter avec soi-même, car nous avons tous besoin de nous donner de l'**amour** et de l'importance.

Dans ma vie quotidienne, j'ai un besoin naturel d'aider les personnes qui en ont besoin. En employant cette technique, je me donne le droit de m'aider, puisque dans ma programmation et mon enseignement, j'ai appris à aider les autres. C'est donc naturel chez moi de donner et non de recevoir. En me regardant dans les yeux, je m'autorise à me donner moi-même l'aide dont j'ai besoin. Ainsi, j'accepte ♥ de recevoir de ma part.

Pour apprendre à me donner de l'**amour**, je peux aussi créer une liste que je mettrai en évidence. Sur celle-ci, je fais deux colonnes. Sur l'une, j'inscris mes qualités et sur l'autre, des compliments. Je peux mettre comme qualités mes capacités, mes aptitudes, mes talents ou toutes situations que je vis ou que j'ai vécues par le passé. Dans la deuxième colonne, j'inscris tout ce que je me rappelle ou que je reçois tous les jours. Je prends le temps qu'il faut pour bien compléter ma liste. Je ne force pas les choses, mais je **prends** simplement **conscience** de mes qualités et des compliments que je reçois.

Dire à voix haute, chaque jour, tous les éléments de ma liste me permet de bien les intégrer. L'impact est beaucoup plus fort que si je le dis dans ma tête. De cette façon, la vibration sonore affecte tout mon être, les gens qui m'entourent et même la pièce où je suis. Cette énergie verbale va également intégrer mes cellules puisque la vibration des mots s'imprègne dans ma mémoire cellulaire. Pour chaque compliment ou qualité, je commence ma phrase en disant : *Je suis…* Me complimenter et dire mes qualités à haute voix permettra à mon corps et à mon environnement de résonner positivement.

Lorsque je me dis des compliments et des qualités, j'adopte une attitude constructive. Je deviens, à ce moment, beaucoup plus en harmonie avec mon corps, car je me donne de l'importance et de l'**amour**. C'est avec cet **amour** que j'augmente ma confiance. Je deviens donc plus fort.

Une autre façon d'augmenter mon estime de moi est de faire ou développer mes passions. Lorsque je suis passionné, je peux travailler pendant des heures sans jamais m'arrêter. En développement mes passions, j'utilise mon cœur♥ et mon mental pour me permettre de faire quelque chose d'unique et qui m'amène à être en harmonie. Je crée donc quelque chose de positif avec mes talents afin de me valoriser et de voir mon évolution. Chaque personne est unique et c'est par mes passions que je deviens plus conscient de ma richesse intérieure. Ce qui améliore ma confiance que j'ai envers moi.

Tout au long de ma vie, je dois alimenter mes passions. Être à la recherche constante de nouvelles passions permet de connaître mes forces et mes capacités qui sont innées chez moi. Je dois alors les développer au maximum. Souvent, je découvre l'une d'entre elles lorsque je sors de ma zone de confort et j'essaie de nouvelles choses. Quelles soient manuelles, intellectuelles, sportives ou autres, je dois les développer afin de mieux connaître la personne que je suis. Chaque personne possède des passions cachées, il faut seulement les faire ressortir et les exploiter.

Développer mes passions me garantit un avenir de bien-être, de confort et d'évolution. Lorsque je prendrai ma retraite, je pourrai exercer plusieurs d'entre elles et continuer mon évolution même en étant âgé. Il n'est jamais trop tard pour développer mes passions, mais plus je commence jeune, plus c'est facile, puisque je suis plus apte à sortir de ma zone de confort et à créer un nouvel équilibre. Si j'ai des intérêts ou des préférences qui m'attirent, je dois les exploiter. De cette façon, je pourrai exploiter mes talents et ainsi augmenter ma confiance, mais aussi mon estime.

Exemple 1 : Denise veut augmenter sa confiance.

Denise attire toujours des gens qui abusent d'elle. Elle a beaucoup de difficulté à prendre sa place et à communiquer ce qu'elle ressent, tant dans sa vie personnelle que professionnelle. Dépendante de quelqu'un, elle se sent souvent victime dans de nombreuses situations.

Denise décide donc de prendre **conscience** de ce qui lui arrive. Après plusieurs années, elle constate que son côté auto-sabotage est très fort puisqu'elle accepte↓♥ de voir son côté victime en remettant la faute sur son entourage et non sur elle-même. Elle remarque aussi qu'en se comparant aux autres, elle se juge et se déprécie énormément.

Pour augmenter son estime, elle décide donc de faire les exercices du miroir ainsi que la liste des qualités/compliments. Elle répète donc, chaque jour, les mots sur sa liste et remarque des changements positifs dans sa vie. À partir de ce moment, elle se donne de l'importance et renoue avec une vieille passion : la peinture. Plus elle change et continue de se complimenter, plus elle découvre de nouvelles passions qui la font grandir et s'épanouir. Sans le remarquer, son environnement a changé.

Lorsque Denise se concentre sur ces passions, elle oublie d'alimenter sa mauvaise voix intérieure. Ainsi, au lieu de se déprécier, elle s'apprécie. Elle constate que ses passions alimentent maintenant sa vie et lui donnent de bonnes raisons de vivre. Elle cesse donc d'alimenter la victime en elle. En augmentant sa confiance, elle constate aussi que les gens qui abusaient d'elle se sont éloignés ou ont changé progressivement. De plus, le chant, sa nouvelle passion, lui permet de mieux s'exprimer et communiquer qu'auparavant.

En se donnant de l'**amour** de plusieurs façons, Denise a réussi à changer son énergie et à amener un impact positif dans sa vie. En changeant sa personne, elle a modifié son environnement.

Exemple 2 : Yves a des problèmes de confiance.

Yves était alcoolique et avait beaucoup de difficultés à affronter toutes les situations dans sa vie. Son manque de confiance le démotivait et il avait du mal à accepter↓♥ ce qu'il vivait avec sa famille. Il s'apitoyait sur son sort et parlait constamment du passé. Sa vie personnelle avec ses enfants et sa femme était très difficile. Il noyait donc sa peine dans l'alcool au lieu d'affronter la réalité de son quotidien.

Lorsqu'Yves rencontra la personne qui pouvait l'aider à **prendre conscience** de tout son potentiel, il était prêt à accepter↓♥ son aide. C'est à ce moment qu'il a accepté↓♥ ses faiblesses et son problème d'alcool. Il a **pris conscience** qu'il noyait ses émotions plutôt que d'y faire face. Cependant, s'il n'avait pas pris la décision de changer, la situation aurait continué indéfiniment.

Au moment où Yves décide d'exploiter ses talents, sa motivation lui redonne le goût de vivre. Il crée un meilleur environnement en devenant de plus en plus passionné, ce qui l'amène à se donner de plus en plus d'importance et l'aide à augmenter sa confiance. Il accepte↓♥ aussi son passé et parle maintenant du présent et de l'avenir. Sa vision des choses a changé et il constate que sa famille bénéficie des répercussions positives. Tout ceci lui a permis de se reconnecter avec ses forces intérieures et d'éliminer son saboteur intérieur.

Yves a changé son environnement, mais aussi sa vie. À l'aide de ses passions, il a pris **conscience** de ses défauts et les a acceptés↓♥. Il a puisé dans son énergie intérieure et a trouvé la motivation nécessaire pour garantir son évolution. Ce qui a permis ce changement. En se choisissant, il affecte positivement tout son environnement et a donc amélioré tous les éléments de sa vie.

Mantra : Je m'aime et je m'accepte↓♥ tel que je suis.

CHAPITRE 3

Tout arrive pour une raison

Il est parfois difficile d'accepter↓♥ ce qui nous arrive puisqu'il y a une raison pour chaque chose. C'est la raison pour laquelle le hasard et la chance n'existent pas. À la base, je vis une expérience terrestre qui peut durer 20, 40, 85 ans ou même plus. Durant ces années, je peux vivre toutes sortes d'expériences, tant faciles que difficiles, dans tous les domaines de ma vie. Cependant, ce que je dois comprendre, c'est que tout arrive pour une raison. Même dans les pires moments, il y a toujours un cadeau déguisé.

Le karma ou le destin est un choix que j'ai accepté↓♥ de vivre avant même ma venue sur terre. Cette réalité m'amène à vivre autant des difficultés que de belles réussites. Par contre, pour affronter chacune de mes épreuves, je suis équipé d'un sac d'outils qui contient tout le matériel nécessaire pour traverser chacune d'entre elles. Où se trouve-t-il? Il est tout simplement en moi. En analysant mon passé, je constate que chaque épreuve a un début et une fin et que toutes les situations de mon passé ont été résolues. Je peux donc résoudre celle de mon avenir, puisque j'ai les outils qu'il faut pour affronter les épreuves de ma vie.

Je considère que la vie est une expérience, un privilège dans chaque situation qui se présente à moi. Je dois **prendre conscience** que tout est un enseignement qui m'amène à évoluer. La vie est un apprentissage dans lequel je participe activement. Étant ouvert à comprendre que tout arrive pour une raison, il est plus facile pour moi de considérer que toute expérience m'apporte du bien et des cadeaux déguisés.

Je me questionne souvent à savoir pourquoi les enfants sont malades, que les gens se suicident ou qu'il arrive des accidents. Un enfant malade vient vivre une expérience pour lui, mais aussi pour son environnement et ses parents. L'importance du message : il faut en profiter, car la vie est courte. Le message est similaire pour une personne suicidaire.

Il aide à **prendre conscience** du privilège de vivre et que peu importe les difficultés, tout est possible. Lorsqu'un accident arrive, il y a quelque chose dans mon corps ou dans ma vie que je dois changer, et ce depuis longtemps. Sans cet événement important, comme un accident, il n'y a pas d'impact ni de motivation pour être dans l'action et me prendre en main. Le message est qu'il y avait quelque chose que je ne voulais pas écouter depuis des années.

Comment puis-je trouver le pourquoi lorsque tout arrive pour une raison? C'est avec l'expérience que j'apprends à devenir neutre et logique dans toute situation. Il est souvent plus facile d'analyser la situation des autres que la mienne, car je n'y suis pas autant impliqué. L'essentiel et le plus difficile est que je dois me détacher de toutes situations, même les miennes. En étant observateur de la situation, il sera plus facile pour moi de trouver la raison de cet événement.

Dans chaque situation, il y a un enseignement, un message caché que je dois comprendre. Son objectif est toujours de me faire grandir et évoluer. Parfois, la façon dont celui-ci est transmis est difficile à assimiler. Pour comprendre le message, il faut souvent utiliser sa logique et son intuition pour atteindre son objectif. C'est avec le temps que tout devient plus clair et que le message est beaucoup plus facile à trouver.

Chaque jour, je vis de nouvelles situations qui m'indiquent que tout arrive pour une raison. C'est l'analyse de celles-ci qui me permettra de trouver la problématique engendrée par mon expérience. Pour mieux comprendre ce qui m'arrive au moment présent, je dois prendre du recul sur la situation. Par contre, il est évident que lorsque je suis dans la situation, il est beaucoup plus difficile de prendre ce recul, car mes émotions sont trop présentes.

Une façon simple de prendre du recul est la suivante : reculer physiquement de quelques pas. Lorsque j'applique cette technique, concrète et physique, j'aide mon mental à comprendre ce que je cherche à créer. Le fait de marcher quelques pas vers l'arrière me permet d'avoir une vue d'ensemble sur la situation. À mes yeux, la situation devient plus claire et me fait grandir.

Il est normal d'avoir des émotions lorsque je vis une situation difficile. Il est important que je les vive profondément afin de pouvoir les comprendre et les éliminer. Si je laisse mes émotions prendre le dessus sur moi et les refoule à l'intérieur, elles s'accumulent et peuvent éventuellement provoquer des maladies. Je dois donc accepter↓♥ mes émotions, que ce soit la colère, la tristesse, la jalousie, ou toute autre émotion négative. En acceptant↓♥, je me permets d'évoluer et de passer à la prochaine étape, car mon épreuve est terminée.

Il est important que je vive chacune de mes émotions comme elles se présentent. Même si je ne suis pas d'accord avec ce que je vis, je dois comprendre qu'il y a toujours un enseignement caché qui me permettra de ne plus vivre ce genre de situation. Comme la vie est mon miroir, si j'arrive à en comprendre le sens, je me permets de ne plus revivre la même situation. Le fait de comprendre l'enseignement caché implique la capacité d'y mettre fin. En m'obstinant à trouver la solution ou à être fermé à l'enseignement, la situation risque de se reproduire.

Exemple 1 : Julie a vécu une situation qui lui a permis de trouver de l'enseignement.

Julie venait tout juste de faire le plein de sa voiture lorsqu'elle s'est aperçue que ses clés étaient à l'intérieur, les portes verrouillées. La première réaction de Julie a été la frustration et la colère envers elle-même d'avoir laissé ses clés à l'intérieur. Elle se trouvait stupide et ne comprenait pas pourquoi elle devait vivre cette situation. Elle pensait déjà à justifier son retard, lorsqu'elle **prit conscience** que rien n'arrive pour rien.

Elle prit donc une grande respiration et se dit à voix haute que tout arrive pour une raison. Pour régler la situation, elle se répéta celle-ci dans sa tête afin d'essayer de la comprendre. Elle se répétait constamment qu'elle avait oublié ses clés dans sa voiture pour comprendre la signification logique et rationnelle de cet événement. En développement personnel, la voiture me représente et les clés sont des éléments significatifs de mon moi intérieur.

Après quelques instants, Julie **prend conscience** que les clés sont des réponses à ses questions. Elle constate que puisque les clés sont à l'intérieur, les réponses sont à l'intérieur d'elle. Donc, au lieu de chercher les réponses à l'extérieur, elle les cherche à l'intérieur. En prenant du recul, Julie a compris qu'elle avait accès à toutes les réponses. Ainsi, l'enseignement était intégré.

Dès que le message est compris, la situation peut se régler et c'est à ce moment que Julie décida de demander de l'aide de quelqu'un. Rapidement, elle trouva une personne et pour quelques dollars et en moins de 10 minutes, la situation était réglée.

Exemple 2 : Olivier vit une situation difficile, il reçoit de l'enseignement.

Olivier est en deuil. Son ami très cher s'est enlevé la vie. Même si son ami était une personne enjouée et optimiste qui aimait faire rire les gens, il vivait une séparation difficile et avait beaucoup de problèmes financiers et familiaux. Il passait par-dessus ses problèmes et était présent pour les autres, mais parlait rarement de lui. Lorsque Olivier a appris la nouvelle, il était sous le choc et ne comprenait pas ce qui était arrivé.

Après plusieurs jours de deuil, Olivier est toujours en colère et en veut à la vie. Il trouve difficile et incompréhensible qu'une personne puisse poser un tel geste. Ses croyances religieuses associées à l'**amour** et la fraternité sont tellement ébranlées qu'il remet en question ses croyances et son mode de vie.

Après d'intenses émotions, il commença à comprendre le geste de son ami et prit du recul face à la situation. Il remarqua l'impact de ce suicide sur l'entourage de son ami. Ceci lui a permis d'avoir une perception différente de l'événement et des gens qui étaient affectés par la situation. Grâce à cette vue d'ensemble, il a pu comprendre le message caché qui était l'importance de vivre sa vie.

Olivier a compris que la vie est un cadeau qu'il faut apprécier et dont il faut savoir profiter. Lorsque son ami est parti, il s'est rendu compte de tout ce qu'il avait mis de côté ou omis de faire dans sa vie. Il a compris l'impact d'un tel geste et a constaté le cadeau déguisé que lui a apporté cette situation. Le fait d'avoir remis sa vie en question lui a permis de revoir ses priorités.

Il s'est aperçu qu'il profitait très peu de la vie avec son emploi du temps très chargé. Grâce à l'enseignement de son ami, il se permit de se choisir et de prendre du temps pour lui. Olivier commença à faire des listes des choses qu'il avait toujours voulu faire et se consacra à la réalisation de cette liste. Il a complètement changé son regard sur sa vie puisqu'il s'est éloigné de certaines personnes. Il a aussi changé d'emploi afin d'avoir plus de temps pour ses enfants ainsi que pour lui.

Toutes ses remises en question viennent de l'enseignement de son ami décédé suite à son geste fatal. Avec le recul, Olivier a changé sa vie et l'apprécie grandement aujourd'hui.

Mantra : Dans chaque situation,
il y a un cadeau déguisé.

CHAPITRE 4

Je fuis ou j'affronte?

Puisque chaque chose arrive pour une raison, je dois comprendre que la vie m'amène à prendre des décisions. Selon ce que je vis comme expérience, je suis responsable de mes choix, c'est-à-dire que je dois accepter↓♥ qu'il y a un enseignement dans chaque situation que je vis et que ces situations sont là pour me faire avancer.

Lorsque la vie m'amène un événement ou une épreuve, je dois comprendre que j'ai le choix de l'accepter↓♥ ou de le refuser. Si je l'accepte↓♥, je choisis de l'affronter. Mais si je le refuse, c'est une façon de fuir la situation.

Voici une phrase que j'adore pour expliquer ce propos : *Ce que tu fuis te poursuit, ce à quoi tu fais face s'efface.* Ce qui signifie que lorsque j'affronte mes peurs, je décide d'avancer. Alors mon épreuve est donc terminée. Au contraire, lorsque je fuis une situation, elle aura tendance à se répéter et même à s'amplifier.

Fuir, c'est refuser de comprendre et d'accepter↓♥ que la vie m'envoie un enseignement, un message. C'est aussi refuser que cela arrive pour une raison afin de grandir et de **prendre conscience** que quelque chose ne va pas dans ma vie. Que ce soit dans ma vie personnelle ou professionnelle, je dois comprendre le message. Donc, lorsque je vis une situation, je dois être ouvert afin de pouvoir la comprendre.

La dépendance et le manque sont souvent reliés à une attitude de victime qui peut m'empêcher d'évoluer et de vouloir comprendre. Bien sûr, la peur et le doute m'envahissent et amènent la situation à se répéter, puisqu'elles peuvent être des éléments déclencheurs. Donc si je vis la même difficulté, et ce depuis longtemps, il est maintenant temps que je **prenne conscience** que cela arrive pour une raison et que je dois la comprendre cette fois-ci.

L'importance est de comprendre les répercussions de mes choix ainsi que mon comportement face à l'expérience que je vis. Malgré les émotions qui peuvent m'envahir, prendre le recul nécessaire m'amène à comprendre qu'il y a un enseignement caché et ainsi trouver la solution pour que je puisse mettre fin à la situation. C'est donc moi qui décide des conséquences de mes choix. Elles peuvent être positives ou négatives.

Au contraire, affronter ou fuir implique toujours des répercussions dans ma vie. Plus vite j'accepte↓♥ la situation vécue, plus vite elle sera résolue. Plus je m'obstine à fuir la situation, plus elle sera longue et pénible à résoudre. Je dois donc changer ma vision des choses afin de mettre en **lumière** la réalité et l'enseignement de mon expérience, puisque ma réussite en dépend.

La vie est un chemin que je peux suivre de différentes façons. Je peux soit reculer, stagner ou avancer. Si je décide de reculer, j'avance en sens contraire du courant. La seule raison de choisir cette direction, c'est la sécurité. Puisque je ne veux pas perdre le contrôle de ma vie, j'ai peur de perdre mes balises qui me sécurisent. La raison est que la vie veut m'amener dans une direction que moi je me force à ne pas suivre. La vie m'envoie des épreuves dont l'apprentissage me permet de suivre ma voie et d'être dans le bon chemin. Cette voie me paraît difficile et complexe, car je dois travailler fort pour pouvoir maintenir un équilibre. Je me sens alors déstabilisé et constate que je subis ma vie plutôt qu'en être la personne qui décide. Je peux devenir dépressif ou me créer des maladies puisque je ne suis pas dans le bon chemin. Je fuis donc le message que ma vie veut m'enseigner.

Si je décide de stagner, rien ne bouge dans ma vie. Je tourne en rond constamment. Je cherche à rester sécuritaire sans rien changer, mais le courant me pousse. Je veux que les choses évoluent autant personnellement que professionnellement, mais rien ne bouge. Je constate que je revis les mêmes situations et je n'arrive toujours pas à comprendre pourquoi je ne peux avancer. Je me remets sans cesse en question pour que les choses évoluent, mais sans être dans l'action. Je profite donc de la vie, mais je la subis également. Parfois, je suis bien, mais en général, j'ai de la difficulté à conserver mon équilibre. Je suis donc coincé dans plusieurs situations où rien ne change.

Si je décide d'avancer, ma vie sera beaucoup plus fluide et remplie de synchronicités. Puisque j'accepte↓♥ d'aller dans le sens du courant, la vie devient de plus en plus facile, ce qui me permet d'en profiter. Je me laisse bercer par la vie, puisque tout devient simple et facile. Lorsque je décide d'avancer, c'est comme une ligne droite me dirigeant sans détour vers ma destinée. C'est à ce moment que je prends le contrôle de ma vie. Il est plus facile pour moi d'être optimiste et positif, car je prends le contrôle de ma matrice et de mon environnement.

Lorsque je décide d'avancer et de prendre ma vie en main, je constate que tout semble plus facile. Pour plusieurs personnes, accepter↓♥ le développement personnel dans leur vie leur permettra de commencer à vivre. Plus ce développement sera présent, plus les réponses seront évidentes. Si je choisis d'évoluer, la vie m'amènera un choix à faire. Celui-ci aura comme conséquence la nouveauté, afin que j'évolue rapidement. Je deviens donc le maître de ma vie lorsque je décide d'avancer.

Je suis sur le bon chemin quand tous les éléments semblent se synchroniser. Même si je me trouve chanceux, je sais que le hasard et la chance n'existent pas, car je suis guidé vers la bonne voie. C'est ma perception ou ma croyance qui me fait **prendre conscience** que ma vie se dirige dans une direction, celle que j'ai choisie. Je deviens le maître de ma vie. C'est évident que lorsque j'avance, je dois affronter certaines situations. Par contre, lorsque j'affronte, je suis prêt à suivre le courant et à comprendre le message afin d'y mettre fin.

La vie est simple puisqu'elle cherche toujours à m'enseigner. Je dois seulement être plus ouvert pour la comprendre. Il est important de savoir que si je suis dans le mauvais chemin ou que je fuis une situation, la vie sera là pour me le rappeler.

Exemple 1 : Dominique cherche à fuir plutôt que d'affronter.

Dominique avait de la difficulté avec ses collègues de travail. Elle n'était pas heureuse dans son milieu de travail puisque ces collègues étaient souvent très négatifs et parlaient en mal des employés et de l'entreprise. Elle trouvait la situation difficile puisqu'elle n'était pas d'accord avec leurs visions des choses.

Après plusieurs remises en question, Dominique trouve un nouvel emploi qui lui permet de s'éloigner du problème. Malheureusement, elle s'aperçoit rapidement que l'environnement qu'elle fuyait était très similaire à celui de son nouvel emploi. En prenant du recul, elle constate que depuis les dix dernières années, la plupart de ses emplois correspondaient à un milieu où les collègues de travail étaient difficiles et négatifs.

Elle a compris qu'il était possible qu'elle attire ce genre de situation. Sans être d'accord, elle décide donc d'accepter↓♥ qu'elle provoque ce type d'événements puisque le fait qu'elle réagisse fortement ou qu'elle cherche à fuir ce genre de personnes implique qu'elle a quelque chose à changer à l'intérieur d'elle.

Dès qu'elle **prend conscience** qu'elle fuyait toujours la situation, elle se donne comme objectif de l'affronter. Elle se met à observer le discours des gens autour d'elle afin de mieux comprendre pourquoi ces personnes sont négatives. Elle cherche aussi à comprendre leur motivation et pourquoi elles aussi fuient des situations.

En utilisant son côté logique et rationnel, Dominique comprend que chaque personne cherche à fuir quelque chose, ce qui l'amène à être négative. Plutôt que de fuir ces personnes, elle décide de leur parler et de trouver des solutions positives pour créer des changements. Avec sa bonne énergie et son humour, elle raconte quelques blagues pour détendre l'atmosphère plutôt que d'être comme les autres. Elle s'aperçoit rapidement que certaines personnes réagissent positivement et que d'autres fuient. En réfléchissant, elle comprend que certaines personnes avaient besoin d'affronter et que d'autres continuer à fuir.

Après cette expérience, sa vie professionnelle s'est grandement améliorée. Les gens qui l'entourent sont beaucoup plus heureux et positifs que par le passé. Sans avoir à les forcer ou à les affronter, les personnes plus négatives ont tendance à s'éloigner naturellement d'elle.

Exemple 2 : Estelle cherche elle aussi à fuir une situation.

Il y a plus de deux ans, Estelle a eu un enfant. Son mari l'a beaucoup aidé. Mais, depuis sa grossesse, elle a de la difficulté à trouver la motivation nécessaire pour accomplir de simples tâches au quotidien.

Pour elle, les corvées sont devenues compliquées à faire et son mari trouve de plus en plus difficile de devoir tout faire. Des problèmes de couple apparaissent puisqu'ils se chicanent constamment au sujet des responsabilités quotidiennes.

Pendant la grossesse et les premiers mois de la vie d'un enfant, l'attention est totalement concentrée sur celui-ci. En tant que parent, il est facile de s'oublier. Ainsi, Estelle avait de la difficulté à accepter↓♥ tout ce que la vie lui demandait. À ses yeux, s'occuper de son enfant et l'avoir mis au monde était bien suffisant pour sa contribution parentale.

Lorsque son mari décide de prendre une pause, elle s'aperçoit qu'elle n'est pas capable de tout faire par elle-même. Il remet donc sa vie et ses comportements en question afin de trouver les solutions qui lui permettront d'évoluer et d'avancer. Se remettre en question amène Estelle à voir son quotidien différemment. Elle se met à la place de son mari et comprend qu'il vivait lui aussi des difficultés. Elle constate aussi qu'elle fuyait toute forme de responsabilité.

La partie la plus difficile pour elle a été d'accepter↓♥ qu'elle fuyait la situation. Une fois celle-ci acceptée↓♥, il est devenu plus facile pour elle de suivre le sens du courant et d'avancer dans la vie. Elle se trouva plusieurs motivations, tant personnelles que familiales, pour augmenter son énergie. Elle décida aussi d'apprendre à gérer son temps et à modifier son vocabulaire afin d'être capable de tout accomplir. C'est à ce moment que sa vie est devenue plus simple, puisqu'elle pouvait maintenant atteindre ses objectifs.

Sa vie est devenue meilleure, tant avec son enfant qu'avec son mari, dans sa motivation au quotidien et son énergie et même dans sa relation de couple. Elle avait simplement accepté↓♥ et trouvé la motivation nécessaire pour affronter sa vie afin de ne plus fuir ce qui l'entourait.

Mantra : Ce que je fuis me poursuit,
ce à quoi je fais face s'efface.

CHAPITRE 5

J'apprends que la culpabilité n'existe pas

La culpabilité fait partie de ma vie depuis mon tout jeune âge. On m'enseigne à réfléchir lorsque je suis méchant ou fais des bêtises. Par contre, cette culpabilité peut être néfaste, car je suis supposé être toujours là pour les autres afin de les rendre heureux et les aider. Cette programmation est aussi fausse que malsaine.

Il est important de remettre en question la culpabilité, car elle est l'une des causes principales de malaises et maladies. Cette émotion négative se retrouve à l'intérieur de moi chaque fois que je fais quelque chose qui me semble mal. Je me remets alors en question. Lorsque je me sens coupable, je vis un malaise intérieur qui a une tendance à s'accumuler avec le temps. Cette accumulation d'émotions telles que la jalousie, la colère, l'angoisse, etc. peut m'amener à être porteur de futures maladies.

Comme je cherche à **prendre conscience** de ce que la vie m'envoie, je dois remettre en question ce sentiment de culpabilité. Je dois donc changer ma croyance pour mieux comprendre ce sentiment de culpabilité.

Maintenant que je comprends que tout arrive pour une raison, je sais que lorsque je réagis mal, que je suis négatif ou que je blesse quelqu'un par mes gestes ou mes paroles, il y a toujours une raison. La vie m'envoie un message à moi autant qu'à mon entourage, puisque j'ai un rôle à jouer pour changer et aider les autres.

En acceptant↓♥ ce principe, je vois la vie différemment. Je constate que les gens importants dans mon environnement sont là pour une raison, puisqu'ils font partie de mon destin. Ils sont les *messagers* pour m'aider ou me nuire dans mon expérience terrestre. Ce qui m'amène à créer mes forces dans les difficultés. Ainsi, lorsque je passe au travers d'une épreuve causée par le geste ou les propos de quelqu'un, je deviens plus fort. Cette personne a été le *messager*. Elle a été choisie pour m'aider à devenir plus fort.

Lorsque je constate que chaque personne est un *messager* pouvant me faire grandir et évoluer, je découvre que moi-même, je suis *messager* pour les personnes qui en ont besoin. Il est donc possible que mon énergie, mon optimisme et mes bonnes volontés les aident et les motivent. Cependant, le contraire est tout aussi vrai, puisque je peux être présent, dans leur vie, pour être néfaste et méchant avec eux.

Je suis le *messager* des autres autant qu'ils le sont envers moi. Dans ma vie, lorsque je vis une situation, j'attire ce genre d'événements pour comprendre et évoluer. Ces expériences me semblent négatives, mais elles ont le pouvoir de m'enseigner énormément.

Il n'y a donc aucune raison valable d'accuser quelqu'un à tort, autant les autres que soi-même. Chaque *messager* a un but unique. Je dois simplement comprendre l'impact qu'ils ont dans ma vie, souvent lorsque la situation est difficile et compliquée. Il est donc impossible d'en vouloir à quelqu'un ou à soi-même pour quelque chose qui devait se produire.

Par mon enseignement et mon éducation, il est normal de me comparer et de juger les autres afin de leur remettre sur les épaules la cause de tous mes problèmes. Au contraire, je suis la seule et unique personne à devoir **prendre conscience** de ce qui m'arrive afin de créer un changement dans mon attitude, mon comportement ou mon environnement. En ayant cette vision des choses, l'expérience devient de plus en plus claire.

Donc, si la culpabilité n'existe pas, qu'est-ce que je vis? Pourquoi je me sens coupable? La réponse est simple : la culpabilité est une programmation. Ce sentiment est assez puissant pour me détourner de la vérité puisque j'en suis responsable. Autant mon ego mental que mon enseignement cherchent à créer une illusion de mettre la responsabilité sur les autres plutôt que sur moi-même. Il est plus facile aussi de se convaincre que les autres ou moi-même n'avons pas agi de la bonne façon. **En résumé, l'être humain ne veut pas se sentir responsable, il préfère se sentir coupable.**

Ma responsabilité consiste en la réaction vécue envers ce que la vie me présente. Alors lorsque je vis une situation et que je suis en réaction face à quelque chose ou quelqu'un, j'ai la responsabilité de faire face à cette situation. Si j'arrive à comprendre qu'il y a un message, un enseignement dans ce que je vis, puisque tout arrive pour une raison, je peux l'accueillir. L'accueil est ma seule arme pour éliminer ma culpabilité. Ce sentiment de responsabilité n'est pas facile à accueillir au début, car je dois comprendre ma responsabilisation. Par contre, plus je suis conscient des messages de ces personnes et les accueille, moins je ressens ce sentiment de culpabilité.

Il est plus facile pour moi de **prendre conscience** que je suis le *messager* des autres et que si je dis ou fais quelque chose, c'est pour permettre à l'autre d'avancer. La personne à qui s'adressent ces propos ou ces gestes doit **prendre conscience** de sa réaction et l'assumer. Je dois donc avoir une vision extérieure dans tous les événements de ma vie afin de comprendre et d'accepter↓♥ le fait que je suis aussi un *messager*.

Pourquoi mettre de l'énergie à ressasser le passé, quand tout ce que j'ai vécu s'est passé pour une raison? Oui, il arrive d'être le *messager* des événements difficiles pour les gens qui m'entourent. À ce moment, j'accepte↓♥ et j'accueille cette fonction puisque mon rôle était prédestiné. Tout arrive réellement pour une raison.

Avec cette **prise de conscience**, ai-je besoin de me pardonner? Non. Il est inutile que je me pardonne ou que je demande pardon, car la vie est remplie de messages ayant leurs raisons d'être. Évoluer me permet de voir les deux côtés, c'est-à-dire d'avoir le bon et le mauvais rôle.

À partir de maintenant, je **prends conscience** que ma réaction envers toute situation est de ma propre responsabilité. L'impact que j'ai sur ma vie dépend de comment je réagis à toute situation. Pour rester positif dans chaque situation, je dois rester neutre. Par exemple, lorsqu'une personne me met en réaction, je prends tout d'abord une respiration et j'essaie le plus possible de rester neutre. Si j'entre en réaction, j'alimente le problème et lui donne de plus en plus d'importance. Selon le sens de ma réaction, je vais provoquer la continuité ou la fin de cette situation.

Il est donc important que j'apprenne à rester neutre et à trouver la meilleure façon possible pour y rester. Je dois apprendre à analyser constamment mes comportements dans mon quotidien, puisque chaque jour, je vis des situations positives ou négatives me testant à savoir si j'ai quelque chose en moi qui n'est pas en harmonie.

Exemple 1 : Élise doit faire face à la culpabilité.

Élise vit une situation difficile avec ses enfants. Son garçon de 16 ans et sa fille de 18 ans ont un mauvais comportement néfaste et ont beaucoup d'emprise sur elle. Elle se sent coupable et impuissante face à l'environnement de ses enfants. Le comportement de ceux-ci l'inquiète et l'amène à se sentir énormément coupable. Depuis plusieurs années, elle se sent de plus en plus fatiguée et démotivée, tant dans sa vie personnelle que professionnelle. Elle trouve que la vie est difficile et ne sait pas comment elle peut changer le comportement de ses enfants.

Son impuissance à faire face à la situation est très forte et néfaste. Au lieu de vivre sa vie, elle la subit. Elle consulte tout de même une personne pour l'aider à trouver une façon de reprendre le contrôle de sa vie et modifier le comportement de ses enfants. La première chose qu'Élise constate, c'est qu'elle n'est aucunement responsable, puisque les enfants grandissent selon plusieurs facteurs et l'éducation des parents en est un parmi tant d'autres.

Elle **prend** plus facilement **conscience** de la complexité de la situation, tout en changeant sa vision des choses pour améliorer ce qu'elle vit. Elle comprend que ses enfants l'ont choisie pour une raison afin de vivre cette expérience. C'est à ce moment qu'elle se voit comme le *messager*, celui qui est là pour faire évoluer ses enfants. Elle décide d'accepter↓♥ comment ses enfants évoluent, tout en comprenant l'impact qu'elle peut avoir dans leur vie. Ils ont chacun leur propre expérience à vivre et elle n'a aucune raison d'être rancunière ou de se sentir coupable.

En acceptant↓♥ le comportement de ses enfants, elle comprend aussi qu'elle est responsable de sa propre réaction face aux situations conflictuelles de ceux-ci. Maintenant, elle apprend à rester neutre le plus possible envers toute situation. Elle reste positive afin de les encourager à s'améliorer, mais sans leur mettre de pression inutilement.

Élise constate que ses réactions ont permis à ses enfants de changer de comportement et d'environnement. Elle a maintenant beaucoup plus d'énergie et de motivation qu'auparavant puisqu'elle a compris qu'elle n'était que le *messager*. Aucun pardon ni rancune n'étaient nécessaire, car tout arrive pour une raison. La seule chose qu'elle peut contrôler, c'est ses réactions futures face aux prochains événements dans sa vie.

Exemple 2 : Pierre se sent coupable de tout.

Pierre se sent coupable de ne jamais en faire assez. Malgré qu'il vit sous un stress constant, il continue à aider les autres grâce à tous ses talents manuels. Il veut à tout prix aider les autres et lorsqu'il doit refuser d'aider quelqu'un, il se sent coupable pendant plusieurs jours.

L'an dernier, un membre de sa famille lui a demandé de l'aide pour terminer ses rénovations dans son sous-sol. Malgré son travail à temps plein et ses nombreuses autres occupations, Pierre décide de lui donner un coup de main. Il ne voulait surtout pas se sentir coupable de ne pas aider quelqu'un de son entourage.

Même si les travaux avancent bien, Pierre se sent épuisé et exténué. Il est tellement fatigué qu'il se coupe le pouce de la main droite sur une scie. C'est à l'hôpital qu'il constate que c'est encore en aidant les autres qu'il a eu cet accident. Évidemment, ce n'était pas la première fois que ça lui arrivait.

Cet accident l'a forcé à prendre quelques jours de congé. C'est à ce moment qu'il a commencé à voir la vie différemment. Il a constaté qu'il ne voyait pratiquement jamais sa femme et ses enfants et que tous ses travaux étaient en attente. Pour lui, ces quelques jours lui ont permis de voir ses priorités. Cependant, il avait toujours de la difficulté à dire non. Après quelques lectures à ce sujet, il a compris qu'il était responsable de sa réaction lorsqu'il se sentait coupable.

Pierre comprend que les gens qu'il aidait étaient les *messagers* pour lui montrer un message clair soit l'importance de se choisir. Après plusieurs semaines de réflexion et de **prises de conscience**, il décide de terminer ses propres travaux et refuse toutes les autres tâches extérieures afin de se prioriser. Il était très heureux de ne plus se sentir coupable, car il avait fait le choix de se choisir. Ce sont ses priorités qui lui ont permis de se sentir beaucoup mieux.

Mantra : Lorsque la vie m'envoie une épreuve, je suis responsable de ma réaction.

CHAPITRE 6

J'apprends à dominer mes peurs

Il est normal d'avoir des doutes et des peurs, car je vis une expérience qui me permet de vivre autant de belles que de mauvaises situations. Elles font donc partie intégrante de mon quotidien. Je dois donc les identifier pour comprendre pourquoi elles affectent mon quotidien. Puis, après les avoir trouvées, le plus difficile est de les accepter↓♥.

La loi de l'attraction se manifeste lorsque je doute. Elle signifie que je donne de l'importance à quelque chose. Comme je suis le propre créateur de ma vie, j'ai le contrôle sur ma propre matrice. Cependant, si j'ai peur et je doute, j'alimente mes craintes sur la situation. Qu'elle soit positive ou négative, lorsque j'alimente une situation, je lui donne du pouvoir. Celle-ci peut se présenter plus d'une fois dans ma vie et durera le temps nécessaire jusqu'au moment où je cesserai de l'alimenter.

Voici quelques exemples où je peux manifester mes peurs :

- Si j'ai tendance à parler de mes malaises et maladies, physiquement elles seront de plus en plus présentes.
- Si je parle toujours de mes difficultés financières, l'argent sera au cœur♥ de mes problèmes.
- Si je parle de mes problèmes familiaux, je vais les alimenter et avoir de la difficulté à trouver des solutions, etc.

Ce sont des exemples simples qui prouvent que cette loi universelle est bel et bien présente. Je dois changer ma vision des choses afin de programmer ma vie de façon optimiste et positive.

La peur peut être mon pire ennemi, puisque lorsqu'elle s'introduit dans la partie consciente et inconsciente de ma pensée. Elle active des mécanismes qui m'amènent à donner de l'importance à la situation.

C'est ma partie inconsciente qui est la pire puisqu'en ayant peur, je pense constamment à la même situation. Je lui donne de l'importance, car je ne suis pas capable de lâcher prise et celle-ci peut avoir un véritable impact sur ma vie. Par exemple, si j'ai peur d'avoir un accident de voiture lorsque je roule dans des conditions routières difficiles, j'alimente cette peur et il est possible que j'alimente réellement cet accident.

La peur est un sentiment naturel et complexe à dominer. Comme elle fait partie de mon expérience terrestre, je dois l'accepter↓♥ et trouver les meilleures façons de la comprendre et d'arrêter de l'alimenter.

Première chose à faire lorsque je ressens de la peur : je l'analyse rapidement pour la comprendre et lui donner de moins en moins d'importance. Je peux être en réaction face à cette peur, mais je dois **prendre conscience** que je l'alimente. Il est normal de vivre mes émotions et de donner de l'importance à ma souffrance, puisque c'est un réflexe naturel lorsque je suis dans la situation.

Dès que je comprends le mécanisme de ma pensée, je dois également comprendre sa partie inconsciente, car elle me sera utile lorsque ma peur sera présente. Ainsi, lorsque j'alimente une peur, je **prends conscience** que je peux aussi en alimenter la solution.

Exemple 1 : Chantal ne cesse d'alimenter ses peurs.

Chantal est excessivement nerveuse chaque fois qu'elle doit prendre sa voiture. Elle a peur de conduire pour toutes sortes de raisons et il lui arrive souvent d'avoir des accidents ou des accrochages. Elle préfère être passagère plutôt que conductrice afin d'éviter toute peur intentionnelle de sa part.

Après plusieurs années d'angoisse, elle décide enfin de se remettre en question. Les conseils d'un ami lui permettent de comprendre rapidement qu'elle alimente énormément ses peurs. Grâce à ses craintes, elle crée inconsciemment de véritables difficultés dans sa vie. Elle décide donc de changer ses croyances pour modifier consciemment sa pensée.

Pour commencer, elle analyse, chaque fois qu'elle ressent un sentiment de peur. Elle se questionne à savoir pourquoi elle a peur.

Plus elle est consciente, plus elle constate une amélioration, car lorsqu'elle a peur de conduire, elle se dit que « *Tout va bien aller* ». Plus elle se répète cette phrase chaque fois qu'elle a peur, plus elle augmente sa confiance et domine ses craintes de conduire.

Chantal a découvert que ses nombreuses craintes alimentaient sa peur. Elle constate aussi qu'elle aurait pu éviter plusieurs mauvaises expériences si elle avait dompté celle-ci plus tôt. Pour elle, tout est devenu plus clair grâce au contrôle de sa peur.

Exemple 2 : Par sa force de création, Luc alimente ses peurs.

Luc était toujours en retard pour n'importe quelle situation dans sa vie. Il était incapable de remettre un document à l'avance, d'arriver à l'heure au travail ou d'être fiable pour toute forme d'activité sociale. Après plus de 30 ans à vivre la même situation sans jamais comprendre, il décide un jour d'accepter↓♥ l'inévitable.

Luc analyse et **prend conscience** qu'il attirait ce genre d'événements. Par son vocabulaire et sa pensée créatrice, il provoquait le retard dans chaque situation. Le fait qu'il gardait toujours ses peurs actives l'amenait à alimenter ce problème de temps et à le créer dans sa propre matrice.

Après avoir constaté sa peur du retard, Luc change sa perception du temps et se dit qu'il est capable d'arriver à l'heure ou de remettre quelque chose à temps. Petit à petit, il constate qu'il n'est plus en retard dans plusieurs situations. En changeant seulement sa croyance, Luc a trouvé la solution pour dominer sa peur et améliorer sa vie au quotidien.

Mantra : Tout va bien aller et tout est résolu.

CHAPITRE 7

Mes peurs affectent l'environnement

Lorsque je vis des situations conflictuelles avec les autres, me remettre en question est la meilleure solution pour voir quelles sont mes peurs qui provoquent la situation. Je dois donc être à l'écoute de chaque situation afin de mieux la comprendre et me permettre d'évoluer.

Par exemple, s'il m'arrive de faire des erreurs dans mon milieu de travail malgré mon professionnalisme, je dois comprendre que mes peurs affectent mon environnement. Elles peuvent provoquer un manque de concentration, ce qui m'amène à faire des erreurs ou la peur de quelqu'un est tellement plus forte que ma confiance, que je peux aussi faire des erreurs. Cet exemple démontre que si ma confiance en moi n'est pas assez forte par rapport à la peur d'une autre personne, les peurs de celle-ci auront donc une emprise sur mes gestes.

Prenons un exemple bien simple. Je décide avec ma grand-mère de faire l'une de ses recettes. Même si c'est la première fois que je fais celle-ci, je commence et mélange les ingrédients. Comme ma grand-mère connaît très bien sa recette, elle commence à m'expliquer chaque étape. Elle me montre que ma façon de faire n'est la bonne, puisque ce n'est pas la sienne. Elle me prouve qu'elle n'a pas confiance en moi et doute qu'à ma manière je puisse reproduire la même recette. Le simple fait que cette personne me critique influence mon énergie et ma concentration et me fait douter que je sois capable de bien la reproduire, même avec ma propre façon de faire.

Dans ce même exemple, si l'on m'explique la recette et que je l'accomplis seul ou avec des personnes qui me font confiance, je vais la réussir plus facilement et le résultat sera tout aussi bon. Pourquoi tant de différence?

La peur des gens autour de moi ainsi que ma confiance en moi sont des énergies qui peuvent véritablement affecter mon environnement.

Il y a toujours un gagnant et un perdant entre la peur et ma confiance. Il est donc important que j'apprenne à travailler ma confiance, tout en étant conscient de la peur des autres afin de ne pas perdre mon énergie ni ma confiance face aux gens qui m'entourent.

Je suis maladroit ou je laisse la peur des gens me contrôler, car inconsciemment je permets à ces personnes de m'affecter. J'apprends à y faire face de différentes façons, puisque je **prends conscience** que certains types de personne peuvent avoir une emprise sur moi et me manipuler. C'est ma responsabilité d'apprendre à y faire face et de comprendre pourquoi les autres m'affectent autant.

Changer ma vision des choses m'amène à constater que les gens peuvent m'affecter. Cependant, je peux aussi contrôler les gens par ma peur. Lorsque je manque de confiance envers quelqu'un, il est probable que mes doutes ou mes craintes par rapport à cette personne se réalisent et l'affectent véritablement. Mon manque de confiance envers cette personne est si puissant et amplifié que je diminue la confiance de celle-ci. Ce n'est donc pas la personne qui fait l'erreur, mais moi qui la provoque.

Mes erreurs et mon manque de confiance peuvent être autant causés par moi que par les autres. Ce qui peut être bénéfique ou néfaste pour les gens qui m'entourent. Être conscient que ce genre de situations peut se produire dans mon quotidien m'aide à comprendre les autres ainsi que moi-même. Dans toute situation, il est important d'avoir une vision extérieure de tout afin de ne pas contrôler ou se sentir dominé.

Plusieurs personnes sont souvent affectées par leur environnement, car elles laissent leur milieu avoir une emprise sur eux. Ainsi, je peux me laisser influencer ou manipuler par ma famille, mes collègues de travail, mon patron, etc. Je vis dans un monde où l'expérience m'amène à enrichir ma **conscience** par l'enseignement. Si je ne suis pas conscient, je peux en subir les conséquences toute ma vie.

Exemple 1 : Les peurs associées à son environnement affectent Liliane.

Liliane est chargée de projet. Elle vient de perdre son emploi et se cherche un poste similaire. Lorsqu'elle trouve son nouvel emploi, elle commence, mais avec beaucoup de difficultés. Étant nouvelle dans l'entreprise, les gens ont tendance à la juger, à douter de ses capacités et de ses choix. Elle se donne à 100% et essaie de s'adapter, mais sans succès. Elle remarque qu'elle faisait des erreurs stupides que normalement elle ne ferait jamais. Elle a même remis en doute ses compétences de travail ainsi que sa place au sein de l'entreprise.

Comme Liliane est ouverte en développement personnel, elle sait que tout arrive pour une raison. Elle vivait ces moments en étant consciente et c'est seulement avec le recul qu'elle a pu voir la situation dans son ensemble. Après plusieurs semaines de travail à vivre les mêmes conditions, elle se remet en question pour comprendre ce qui lui arrive. Elle découvre que l'enseignement derrière cette épreuve est associé à la peur et à la confiance. Elle constate que le manque de confiance et les craintes de ses collègues ont une influence sur son travail, puisque leur attitude l'affectait à tel point qu'elle faisait des erreurs.

Pour changer son environnement, elle décide d'abord d'accepter↓♥ la situation telle qu'elle est et essaie de comprendre pourquoi ces gens affectent autant son environnement. Elle constate que ses collègues étaient des *messagers* et que leurs craintes étaient beaucoup plus fortes que sa propre confiance.

Sa première motivation : se lever tous les matins en étant convaincue que chaque journée sera la meilleure. Ensuite, elle rayonne, sourit et reste positive dans toute situation afin d'affecter les gens qui l'entourent. Elle travaille donc à rester neutre le plus possible pour ne pas alimenter la situation et blâmer les autres. Elle continue donc à faire son travail en essayant d'être le plus calme possible chaque jour. Lorsqu'elle manque de confiance ou qu'elle doute d'elle-même, elle se visualise à son ancien emploi où elle était forte et solide. Elle se connecte donc à cette ancienne énergie pour l'aider à avoir plus de courage et de force dans son emploi actuel.

Liliane a changé son environnement par l'observation et la compréhension de son milieu. Elle essaie de rester neutre dans chaque situation et travaille toujours à augmenter sa confiance afin que les autres puissent lui faire de plus en plus confiance. Maintenant, elle est beaucoup plus heureuse au sein de cette entreprise.

Exemple 2 : Les craintes de Paul amènent des difficultés dans son milieu de travail.

Paul est installateur de système d'alarme. Il engage souvent des jeunes pour l'aider à faire ses installations. Chaque fois qu'il recrutait quelqu'un, il avait beaucoup de difficultés à lui faire confiance. Les gens qu'il engageait étaient souvent débutants, n'ayant aucune expérience. Il avait de la difficulté avec ce genre de personnes puisqu'il devait investir beaucoup de temps à les former et parfois à reprendre leur travail mal fait.

Il avait des jugements et alimentait des pensées négatives à l'égard de ses nouveaux employés. Un jour, un ami lui fit **prendre conscience** que son discours pouvait attirer ce genre de personnes. Ce n'était pas dans ses habitudes de se remettre en question, mais grâce à son ami, il décida de changer d'attitude.

Il décida de réengager des personnes avec lesquelles il avait déjà travaillé. Même si ces deux employés avaient l'habitude de faire des gaffes. Cependant, il a appris à les respecter et à leur faire confiance. Petit à petit, il a réussi à déléguer plusieurs tâches. Ce qui leur a permis de travailler avec plus d'acharnement et de détermination. Après quelques mois, les deux employés de Paul travaillaient efficacement sans faire pratiquement aucune erreur.

Il fut surpris du fait que changer son attitude face à ses employés lui ait permis d'éviter d'autres situations fâcheuses. À l'avenir, il sera plus confiant envers son personnel avant d'avoir une attitude destructive face à ceux-ci.

Maintenant que Paul fait davantage confiance aux gens avec qui il travaille, il constate qu'il a de très bons employés et que son entreprise s'est grandement améliorée.

Mantra : Ma confiance est plus forte que ma peur.

CHAPITRE 8

J'apprends à rayonner

Apprendre à rayonner est le meilleur moyen pour influencer les gens qui m'entourent. Si je cherche à me protéger de certaines personnes et de leurs comportements, la solution est de rayonner plutôt que d'utiliser une forme de protection.

Mes croyances m'amènent à utiliser toute forme de protection lorsque je vis des situations difficiles ou que je côtoie des personnes qui m'affectent. Pour se protéger, certains vont se créer une bulle autour d'eux, d'autres vont demander la protection divine, allumer des chandelles, prier ou utiliser des pierres, etc.

La protection n'est pas néfaste en soi, mais est-ce bien nécessaire? Plusieurs la voient comme une forme de sécurité, puisqu'elle permet de m'accompagner quand j'en ressens le besoin, mais celle-ci fonctionne-t-elle toujours lorsque je l'utilise? Je dois donc me remettre en question afin de savoir s'il existe d'autres techniques beaucoup plus efficaces pour moi.

Comme tout arrive pour une raison, logiquement si je me protège, je vis un sentiment de peur. Cette crainte apparaît lorsque je ne comprends pas l'enseignement derrière mon expérience. La loi de l'attraction veut dire que si je me protège, j'ai peur. Donc, plus je me protège et donne de l'importance à cette peur, plus j'amplifie et alimente la présence de cette crainte. Ce qui me confirme ce besoin de protection. Cependant, je dois **prendre conscience** qu'un besoin trop fort de protection peut m'empêcher de vivre des expériences nécessaires pour m'aider à évoluer.

Lorsque je me protège, j'évite de ressentir les émotions et l'énergie des autres. Je ne suis donc pas affecté par ceux-ci tout en n'ayant aucune influence sur eux. Ainsi, la protection ne règle rien, car je ne fais que stagner et chercher à fuir la situation plutôt que de l'affronter. Fuir en me protégeant provoque que l'événement va sûrement se reproduire.

Si je me protège, je donne continuellement de l'importance à ma peur, c'est-à-dire que je ne cesse jamais, dans ma vie, d'avoir besoin de ce sentiment de protection. Ce n'est pas la meilleure solution, car elle m'empêche de recevoir l'enseignement dont j'ai besoin pour affecter les autres positivement et comprendre le message caché. Pour toutes ces raisons, la protection n'est plus quelque chose que j'utilise pour moi. Dès mon plus jeune âge, on m'enseigne à me protéger, puisque c'est un principe de toutes les formes de religion. Ceci m'amène non pas à voir, mais à nier ce qui m'entoure.

Pour modifier le comportement des autres, je dois trouver le meilleur outil pour être capable d'affecter leur énergie. Chaque fois que j'ai une énergie positive et une attitude motivante, je constate que les gens ont tendance à apprécier ma compagnie. Donc, dès que j'ai une énergie positive, j'affecte celle des autres autour de moi.

Mon énergie est contagieuse, tant positive que négative. Lorsque je suis passionné ou que je démontre que j'aime ce que je fais, je communique plus facilement cette énergie aux autres. Cet impact naturel, positif et inconscient permet de rendre heureux les gens autour de moi. Cependant, je ne peux être passionné en tout temps, je dois donc trouver des moyens alternatifs pour rayonner de façon consciente.

Quel est l'effet du rayonnement chez les gens? Par exemple, le soleil, il rayonne, ne se protège jamais et il affecte tout le monde. En tant qu'humain, j'ai besoin de soleil, je suis donc attiré vers lui. L'inverse est tout aussi vrai, puisque lorsqu'il est trop fort, j'ai tendance à m'éloigner, à rester à l'ombre. Par analogie, je vis la même chose avec le rayonnement, c'est-à-dire que lorsque je rayonne, les gens se rapprochent ou s'éloignent de moi. Les gens se sentent bien en ma présence et ils se rapprochent. D'autres, au contraire, peuvent s'éloigner, car mon énergie est trop forte ou positive pour eux.

Chaque personne est capable de rayonner. Il s'agit d'une **lumière** que je dégage et qui est parfois perceptible. Inconsciemment, je sais ou reconnais le rayonnement d'une personne. Par contre, je peux créer de façon consciente ce rayonnement afin d'affecter les gens qui m'entourent. Rayonner implique de créer autant un changement chez les gens que dans l'environnement où je suis.

Si je rayonne, j'affecte la matière et l'énergie de tout ce qui m'entoure. Par la loi d'attraction, lorsque je rayonne, je me permets d'alimenter une énergie positive constante afin de mieux interagir avec les gens.

Donc, Rayonner = action = amour
Se protéger = inaction = peur

Si je me laisse influencer négativement par l'énergie des gens, ceux-ci viendront aspirer ma propre énergie intérieure, puisque mon énergie vitale est épuisable. Ce qui provoquera chez moi, un rapide sentiment de fatigue. Ces gens, on les appelle les vampires énergétiques. Cependant, attention, je peux moi-même devenir l'un d'entre eux.

Chaque personne s'adapte à l'énergie qui l'entoure. Si je suis entouré de vibrations positives, je vais augmenter mon énergie vitale. Au contraire, si je suis entouré de vibrations négatives, je vais diminuer mon énergie pour recharger celle des autres. Malheureusement, cette habitude naturelle d'aider les autres peut être néfaste pour moi.

C'est avec le rayonnement que je peux modifier, de façon consciente, cette habitude afin d'augmenter leur énergie, mais également la mienne. Ceci m'amène à avoir une énergie de plus en plus inépuisable. Accessible à tous, rayonner implique simplement une intention. Pour y arriver, je dois, tout d'abord, respirer. Lorsque j'inspire et que j'expire, une réaction énergétique naturelle se produit. Je vis alors une intégration et une libération à chaque respiration. Apprendre à inspirer et à expirer avec une intention peut affecter la matière autant que l'énergie.

L'énergie est accessible à tous et je suis entouré de celle-ci tous les jours. C'est un outil simple et facile à utiliser, mais je dois simplement être conscient que cela m'entoure. Même en physique quantique, on nous parle d'interaction de la matière, donc d'énergie. Cette interaction avec l'énergie se fait soit par la pensée, la parole, la visualisation ou toutes autres manières tant positives que négatives. Je peux donc utiliser ces lois universelles et les utiliser selon mes besoins.

Voici un exercice pratique pour apprendre à rayonner de façon consciente :

Je peux rayonner par la visualisation. Je concentre, tout d'abord, mon attention sur mon cœur♥ qui représente la **lumière**. Cette **lumière** peut être comparée à une veilleuse ou un phare de 500 W. Je prends une respiration pour me recharger et remplir mes poumons d'énergie. Ensuite, j'expire en visualisant l'expansion de cette **lumière** comme si un gradateur pouvait augmenter l'intensité à 360° autour de mon corps. L'objectif, à chaque expiration, est de prendre de l'expansion. Je répète cet exercice chaque fois que j'en ai besoin. Je cherche à rayonner dans toute la pièce afin d'y changer l'énergie de façon positive.

Cette technique de rayonnement me permet d'augmenter mon énergie vitale, mais aussi d'améliorer les comportements des gens autour de moi. Simple et facile, je peux l'utiliser à la maison, au travail, dans la voiture ou tout simplement quand j'en ressens le besoin.

Le rayonnement peut également éloigner certaines personnes de mon entourage, puisque ma nouvelle énergie les dérange. Ils ne comprennent pas pourquoi je suis différent, ou moins accessible. Ainsi, je constate que certaines personnes se sont rapprochées tandis que d'autres se sont éloignées. Ceci est très bénéfique pour moi, car ceux qui se sont rapprochés correspondent à ma nouvelle énergie et peuvent m'apporter quelque chose. Rayonner est une manière positive de s'entourer de bonnes personnes et d'éloigner les gens néfastes qui nuisent à mon évolution.

Exemple 1 : Georges comprend l'intégration du rayonnement dans sa vie.

George est timide et a beaucoup de difficulté à se faire respecter, surtout par sa famille. Il est comme le mouton noir de la famille. Pour lui, chaque rencontre familiale est une épreuve, car il sait qu'il sera, encore une fois, la risée de tous. Son manque de confiance a pour effet qu'il a de la difficulté à prendre sa place. Même si George possède une grande expérience, il a de la difficulté à démontrer qu'il a une forte estime de lui.

Après avoir constaté la situation, Georges décide de modifier sa vision des choses. Il accepte↓♥, tout d'abord, d'arrêter de fuir afin d'affronter ce qui lui arrive. Puis, il accepte↓♥ tout simplement la situation, autant ses faiblesses que son humiliation. C'est à ce moment qu'il devient conscient qu'il peut changer son environnement. Par la loi d'attraction, il alimentait constamment les mêmes émotions négatives qu'il vivait avec sa famille. Maintenant, en **prenant conscience**, il alimente une meilleure confiance en lui.

Georges utilise donc la technique du rayonnement pour rayonner comme un soleil. Par sa respiration et son intention de rayonner, il constate qu'à chaque fois qu'il entre dans une pièce, tout change dès son arrivée. Ainsi, plusieurs personnes de sa famille ont vite remarqué qu'il avait changé, sans toutefois trouver quoi. Par son rayonnement, il a pris plus d'assurance et est devenu beaucoup plus solide face à son entourage. Avec le recul, il a constaté que certaines personnes se sont éloignées, ce qui a grandement amélioré sa vie.

Depuis qu'il rayonne, Georges a beaucoup plus de facilité à démontrer son expérience et sa confiance. Il n'a plus besoin de se battre pour prendre sa place, car il est capable de l'obtenir de façon naturelle.

Exemple 2 : Nicole apprend à utiliser le rayonnement dans sa vie.

Nicole travaille dans un milieu où les gens parlent sans cesse contre tout le monde. Ce milieu est très difficile pour elle, puisqu'elle est en général empathique envers les autres. Elle constate que même si elle accepte↓♥ la situation, elle continue d'attirer toujours la même chose.

De nature optimiste et positive, Nicole analyse souvent ce qui se passe dans sa vie. Elle décide donc d'utiliser la technique du rayonnement pour améliorer sa situation. Avant d'arriver au travail, elle se met à rayonner afin d'avoir un impact sur elle et ceux qui l'entourent. Après quelques jours, elle constate que les commentaires des gens à son égard ont changé et qu'ils la perçoivent plus rayonnante. Sans savoir trop pourquoi, les gens la trouvent différente.

En rayonnant, elle a permis aux gens autour d'elle d'avoir une attitude beaucoup plus positive. Grâce à cette nouvelle énergie, elle est devenue beaucoup plus énergique autant pour elle que pour les autres. Par contre, certaines personnes se sont éloignées d'elle, alors que d'autres se sont rapprochées. À partir de ce moment, il était beaucoup plus facile pour elle de se sentir en contrôle.

En moins d'un mois, Nicole a réussi à augmenter son énergie et à affecter positivement les gens qui l'entourent. Ce qui lui a permis d'améliorer autant sa vie personnelle que professionnelle.

Mantra : Je rayonne comme un soleil.

CHAPITRE 9

Je prends le contrôle de ma vie

Pour prendre le contrôle de ma vie, je dois **prendre conscience** que je suis la personne la plus importante. Je peux être la personne la plus néfaste envers moi-même autant que la personne la plus encourageante et motivée. Je dois apprendre à me respecter afin de me donner du temps pour que je devienne ma priorité. Je me permets donc de me choisir tout en restant là pour les autres afin de les aider.

Tout d'abord, je **prends conscience** que je dois apprendre à dire non. Dire non n'est pas du narcissisme, mais un choix pour se favoriser. Je ne dois pas me sentir coupable ni être négatif par rapport à ce choix, mais bien comprendre que de dire non aux autres, c'est se dire oui à soi.

Il n'est pas toujours facile d'apprendre à dire non. Je comprends que toute ma vie, j'ai été présent pour les autres au détriment de ma propre existence. Apprendre à me choisir n'a jamais été une priorité auparavant, car cela implique que je doive changer ma perception de mes priorités. Dire non implique de faire un choix, de prendre une décision et d'assumer cette responsabilité. Dire oui est également ce même choix, puisqu'il implique d'être responsable de soi. Comme j'ai tendance à vouloir être présent pour les autres, j'ai souvent l'habitude de me sacrifier, au détriment de mon bonheur, afin de rendre ceux-ci heureux et comblés.

Apprendre à dire non implique que je peux me choisir. Je peux donc créer mon bonheur à partir de cette simple décision. Pour bien comprendre comment détecter ce bonheur accessible, je dois **prendre conscience** que dire non n'a pas pour but d'être négatif, mais bien de me favoriser. Je dois donc être en paix avec moi-même lorsque je fais ce choix. Se choisir peut paraître exigeant et difficile au début, puisque cette décision peut m'amener à me sentir coupable, car je déçois certaines personnes de mon entourage.

Dire non n'a pas une connotation négative. Je **prends conscience** que le but de ce choix n'est pas de dire toujours non, mais bien de faire quelque chose parce que j'en ai véritablement envie. Si je dis oui, il est important que je crois que quelque chose sera bénéfique pour moi. Pour devenir la personne la plus importante, je dois m'adapter è cette nouvelle réalité et modifier certains comportements. Il se peut qu'il y ait des conséquences négatives comme l'éloignement de certaines personnes, mais tout cela arrive pour une raison.

Il y a toujours des raisons positives lorsque je me choisis. Lors de ce choix, je **prends conscience** de ma priorité et décide de grandir et d'évoluer. Donc, plus j'apprends à dire non, plus je serai capable de le faire. Je dirai oui lorsque quelque chose sera satisfait en moi. Ma vie prendra une direction beaucoup plus positive grâce à ce choix.

Être positif, optimiste et motivé amène un effet créateur dans ma vie et influence mon énergie pour moi et pour ceux qui m'entourent. Le changement se fait dans ma matrice et se répercute sur tout ce qui m'entoure. Toute modification amène des répercussions positives pour moi et pour mon environnement. Par contre, je dois me prioriser afin d'améliorer et de conserver une bonne énergie.

Lorsque je suis avec des gens motivés et optimistes, je constate qu'ils ont un effet positif sur moi. Ils ont une influence sur ma personne et m'amènent à être plus vivant, rempli d'énergie et d'ambition. Je **prends** donc **conscience** que leur énergie m'affecte de façon positive et constructive. Je comprends que si je suis positif et motivé, je crée une influence bénéfique dans l'énergie des gens qui m'entourent. Pour donner au suivant, ma priorité devient donc que je dois être le plus optimiste possible. De cette façon, je crée une influence positive sur mon milieu et provoque des changements positifs tant à mon expérience qu'à celle des gens qui m'entourent.

Je dois **prendre conscience** que ma pensée créatrice est l'outil essentiel pour rester positif et motivé. Je dois donc centrer mon attention sur celle-ci. Il est aussi important d'utiliser la partie inconsciente, que j'appelle le *répéteur*, afin que j'intègre les bonnes phrases et que je puisse les créer dans ma matrice.

Voici une technique à employer avant de se coucher :

Avant de dormir, je crée ma journée de demain. Je prends quelques instants pour avoir un impact positif sur ma journée du lendemain. Pour avoir cet impact bénéfique, je peux dire :

– Demain, sera une journée magnifique

– Demain, je serai avec des gens intéressants

– Demain, j'aurai une très bonne énergie

– Demain, je serai en parfaite santé

– Demain, je vais arriver à l'heure

– Demain, tout ira très bien

– Demain, sera une journée simple et facile

– Demain, ma journée passera très rapidement

– Demain, je vais recevoir un cadeau, etc.

Utiliser des phrases positives permet d'avoir un impact très puissant sur mon inconscient. Ces phrases ont un très fort pouvoir de création dans ma vie et c'est le même principe quand j'utilise des phrases négatives, puisque lorsque je me dis ce genre de phrases, j'arrive à les créer avec la même facilité.

Voici des phrases que je dois éviter de dire :

– J'espère que ça va bien aller

– J'espère avoir assez de temps

– Il y a toujours du trafic

– Il n'y a jamais de stationnement

– Cette journée sera très longue

– J'ai de la difficulté à travailler avec cette personne

– J'ai peur d'être en retard

– J'ai peur de perdre mes valises

– Je ne suis pas capable d'y arriver

– Je n'ai jamais été capable

- Je suis toujours fatigué
- J'ai de la difficulté à dormir
- Ceci va me demander beaucoup d'efforts et de travail
- Je dois travailler fort pour y arriver financièrement
- La vie est difficile, etc.

Ces exemples peuvent énormément affecter mon quotidien. Ainsi, lorsque j'apprends à **prendre conscience** de mes pouvoirs, j'utilise la loi d'attraction pour créer de façon positive chaque journée afin que mon quotidien soit meilleur. Je peux non seulement créer ma journée de demain, mais aussi toute situation qui peut m'aider dans mon futur. Je peux donc investir une énergie positive sur chaque situation future où je doute que tout aille bien.

Je peux grandement améliorer ma vie, sans dépendre des autres, par l'utilisation de simples principes positifs ainsi que ma responsabilité à me choisir. Je deviens alors heureux et motivé par le simple fait que je suis capable de créer tout en ayant un impact positif dans ma vie et celle des autres.

Exemple 1 : Sébastien prend sa vie en main.

Sébastien était une personne très négative. Son système d'autodestruction était très fort puisqu'il attirait toutes sortes de situations difficiles. Au cours des années, il pensait que tout ça n'arrivait qu'à lui et qu'il était malchanceux. Il accusait la vie de lui envoyer ce genre de situations sans jamais comprendre pourquoi ceci lui arrivait.

Malheureusement, il avait une forte tendance à s'entourer de gens négatifs. Cet entourage néfaste parlait en mal de tout, ce qui l'amenait à avoir un effet néfaste sur sa vision des choses. N'étant pas conscient, ce cercle vicieux de création négative avait un impact sur sa vie, puisqu'il n'avait jamais pris le temps de se remettre en question.

Après plusieurs consultations chez le psychologue et de nombreuses lectures à ce sujet, il commence à ouvrir une porte, celle qui pourrait avoir un impact sur sa vie. Sébastien prend alors du recul et commence à comprendre que depuis des années, sa vision des choses pouvait avoir un pouvoir sur sa création. Il prend le temps d'analyser son vocabulaire ainsi que sa façon de décrire sa vie et constate que son entourage pouvait avoir un effet négatif sur lui.

Dès qu'il **prit conscience** que son environnement et sa pensée étaient créateurs, il voulut aller plus loin. Il changea non seulement son vocabulaire et sa vision des choses vers une approche beaucoup plus positive, mais aussi il commença à s'entourer de gens motivés et optimistes. Il s'éloigna des gens qui avaient une influence néfaste sur lui. Sébastien remarqua qu'avec ces changements, sa vie avait pris rapidement une direction différente, puisque sa vision était passée de la malchance et du hasard à « *tout arrive pour une raison* ».

Sébastien a compris qu'au moment il s'est choisi et qu'il a **pris conscience** de sa pensée créatrice, il avait maintenant pris le contrôle sur sa vie. C'est à ce moment qu'il est devenu une personne motivée, positive et optimiste pouvant affecter les gens autour de lui. Après avoir changé sa vision des choses, il est devenu conférencier afin de partager ses connaissances et son enseignement avec tous les gens qui pouvaient en profiter.

Exemple 2 : Jonathan apprend à dire non.

Jonathan est une personne au grand cœur♥ qui aime aider les gens. Travaillant en construction, il aide les autres à accomplir tous leurs projets. Il est généreux et apporte beaucoup sa contribution. Cependant, il a beaucoup de difficulté à dire non lorsqu'une personne lui demande de l'aide.

Depuis plusieurs années, Jonathan est devenu négatif et pessimiste. Il a de la difficulté à se lever le matin et manque d'énergie. Ses tâches s'accumulent et il remet à plus tard beaucoup de choses. Il est excédé d'aider les gens puisqu'il trouve que ceux-ci ambitionnent sur lui. Il accuse les gens et non lui, car il n'est pas capable d'y voir sa responsabilité. Sa femme décide donc de l'aider à **prendre conscience** qu'en disant oui à tous, il est débordé et n'y arrive plus. Il serait important pour lui, d'accepter↓♥ de se prioriser et de dire non aux gens qui lui demandent de l'aide.

Jonathan commence à voir plus clair dans ce qui se passe. Il doit apprendre à dire non afin de se prioriser. Il constate qu'il a moins de poids sur les épaules et plus d'énergie. Il réussit à reprendre le dessus sur ses projets et à les mener à terme plutôt que de les accumuler. Avec le recul, il s'est rendu compte que c'était sa responsabilité et non la faute des autres s'il avait accumulé trop de projets en même temps.

Après quelque temps, Jonathan a repris ses vieilles habitudes. Lorsque sa situation se détériore encore une fois, sa femme lui montre qu'il a tendance à choisir les autres plutôt que lui. Il accepte↓♥ donc sa faiblesse et y sera plus attentif à l'avenir. Il décide, petit à petit, de se choisir et reprend des forces. Chaque jour, il est de plus en plus motivé le matin et apprécie grandement son nouvel équilibre de vie.

Mantra : Dire non aux autres, c'est me dire oui.

CHAPITRE 10

J'apprends à contrôler le temps

Le temps est un facteur qui a beaucoup d'influence chez moi. Si je veux améliorer ce facteur dans ma vie, je dois **prendre conscience** qu'il peut devenir un manque important. Plus je vieillis, plus je constate que la vie passe de plus en plus vite. Jour après jour, je vois que je manque de temps pour accomplir toutes les tâches que j'ai à faire. Malheureusement, le temps n'arrange pas les choses. Je dois donc comprendre que ce facteur est une variable qui m'influence au quotidien.

En prenant **conscience** que la notion du temps est variable, je peux arriver à créer le temps nécessaire pour accomplir tout ce que je dois faire. Grâce à mes intentions, il est donc possible et beaucoup plus facile de varier le temps. Tout dépend de comment je perçois ma journée, elle peut être très lente ou très rapide. C'est ma perception du temps qui affecte le déroulement de cette même journée. Par exemple, si je dis « *je ne vois pas le temps* passer » ou « *la journée passe trop vite* », je modifie ma perception du temps afin que ma journée soit effectivement plus rapide.

Je constate que ce facteur peut être variable selon ma perception. Lorsque je me lève le matin et je dis que cette journée sera productive, je fais en sorte qu'elle le soit et j'aurai alors suffisamment de temps pour faire toutes les tâches que je dois accomplir. Par contre, si je me lève et commence ma journée en disant que je manque de temps, j'affecte mon énergie et je provoque ce manque. J'ai une forte capacité à pouvoir affecter mon environnement ainsi que le temps dont je dispose. Si je veux jouer avec le temps, je dois donc utiliser des outils pour m'aider à varier celui-ci.

Je peux utiliser la comparaison comme premier outil pour varier le temps. Pour toute situation où le temps est impliqué, je peux modifier ma phrase afin que ma perception puisse changer. Au lieu de me dire : « *je n'ai pas le temps de…* », je dis plutôt « *ce n'est pas une priorité pour moi* ».

Par exemple, si je n'ai pas le temps de m'entraîner, je remplace par « *ce n'est pas une priorité pour moi de m'entraîner* ». Si je n'ai pas le temps d'aller te voir, je dis plutôt que ce n'est pas une priorité d'aller te voir. Si je n'ai pas le temps de t'aider, je dis que ce n'est pas une priorité de t'aider. Si je n'ai pas le temps de prendre des vacances, je remplace par ce n'est pas une priorité de prendre des vacances, etc. Cet outil de comparaison peut être très utile et efficace lorsque je veux savoir quelles sont mes priorités. Grâce à cet outil, je peux constater que ce facteur n'est peut-être pas la raison principale de mon manque de temps.

Deuxième outil pour varier le temps : l'utilisation quotidienne de la parole. J'utilise souvent des phrases néfastes qui nuisent à ma perception du temps.

Les phrases les plus nuisibles sont :

- Je manque de temps
- Je n'ai pas de temps
- Je n'ai pas assez de temps
- Je n'ai plus le temps
- Tout se passe trop vite
- Je ne prends pas le temps, etc.

Lorsque j'utilise ces phrases, la vibration ou les intentions que possèdent ces mots sont si puissants qu'elles ont un fort impact sur la création de ma vie.

Je suis dans une époque où les technologies telles que téléphone, tablette, etc. sont là pour m'aider à sauver du temps. Cependant, depuis l'arrivée de ces technologies, j'ai tendance à optimiser mon temps et à ajouter d'autres choses à mon emploi du temps. Je suis donc en hyperactivité cérébrale constante puisqu'au travers de toutes ces tâches, je crée le manque de temps et non l'inverse. Je dois donc **prendre conscience** de ce paradoxe.

Pour créer plus de temps dans mon quotidien, je dois **prendre conscience** que ma pensée est l'outil dont j'ai besoin pour augmenter ce facteur de temps.

Je dois apprendre à appliquer des phrases telles que :

– J'ai le temps

– Je prends le temps

– J'ai suffisamment de temps

– Je prends du temps pour moi

– Tout se déroulera tel que prévu

– Je serai à l'heure

– Je serai dans les temps, etc.

Le temps est une variable. J'ai donc la possibilité de jouer avec lui. Lorsque je **prends conscience** de mon pouvoir de création, il est beaucoup plus facile pour moi d'avoir du temps pour accomplir ce que je veux. Il est intéressant de constater que si j'ai du temps, je suis capable de le créer.

Le troisième outil pour gagner du temps, c'est de faire une liste. Faire une liste me permet de voir exactement toutes les tâches que j'ai à faire et d'évaluer le temps nécessaire pour les accomplir. Je peux donc décharger tout le poids qui était sur mes épaules et constater réellement ce que j'ai à faire. Chaque fois que je barre quelque chose sur ma liste, je ressens une fierté, une gratification personnelle. Jour après jour, j'ajoute et j'élimine des choses sur ma liste. Ceci me procure une grande satisfaction, puisque je me prouve à moi-même que je suis capable de gérer mon temps de la meilleure façon qui soit. Plutôt que d'anticiper mon manque de temps, je peux l'évaluer réellement. Cet outil simple et efficace me permet rapidement de voir les effets positifs sur la gestion de mon temps.

Par contre, petit piège, je dois me méfier de la culpabilité, c'est-à-dire que lorsque je réserve du temps pour moi, je ne dois pas me sentir coupable de son utilisation. Si j'ai un sentiment de culpabilité, il sera plus difficile pour moi de créer ce temps à nouveau.

Voici un exemple d'un sentiment de culpabilité face à la notion du temps :

Avant de me coucher, je mentionne que demain je vais avoir du temps pour moi. Le lendemain après-midi, je constate que j'ai une période libre de deux heures où je peux faire tout ce que je veux. Tout de suite, je commence à penser à tout ce que je devrais faire. Corvées, obligations, tout y passe. Cependant, au moment où je peux faire ces tâches, j'ai seulement le goût de me reposer. Je peux soit lire, dormir, écouter un film ou aller me promener. Je constate plus tard que j'aurais pu accomplir beaucoup plus, plutôt que de me reposer. Je me sens alors coupable de ne pas utiliser mon temps intelligemment. J'ai créé du temps pour moi et malgré que j'en aie profité pour me reposer, je me sens coupable de l'utiliser. Cette même culpabilité a pour effet que le lendemain, je n'arrive plus à recréer ce temps. Mon mécanisme de pensée se dit que lorsque j'ai du temps pour moi, je l'utilise de la mauvaise façon. Mon inconscient se répète donc qu'il n'a pas le temps pour se reposer, car je suis inactif à ce moment.

Il est important que je **prenne conscience** que lorsque je prends le temps, peu importe ce que je fais, je dois en profiter afin de vivre le moment présent et d'apprécier ce que j'en fais. Tant que je suis conscient de mon pouvoir de création, je suis capable de faire en sorte que mon temps soit long et profitable.

Dernier outil pour avoir du temps : j'utilise un adjectif. Par exemple, je suis en vacances et je veux en profiter au maximum. J'utilise les adjectifs *lent* et *profitable* dans mon discours. Ainsi, chaque fois que je parle du temps, je mentionne que celui-ci est lent et profitable. Au contraire, si je pense que ma journée sera difficile, j'utilise les adjectifs rapide et efficace. Ceci me permettra d'avoir une journée productive sans être négatif ou néfaste pour que j'accomplisse tout ce que je souhaite dans ma journée.

Exemple 1 : Martin comprend l'utilisation du temps variable.

Martin doit faire un long voyage en voiture. Il sait qu'il a tendance à s'endormir au volant. Pour éviter cette situation, il utilise plusieurs moyens tels que le café, la musique forte, la vitre ouverte et même sortir du véhicule. Cependant, il a un fort pouvoir de création sur le temps, car il pense fortement que voyager en voiture est long et pénible.

Quelqu'un lui a dit que le temps était variable. Il décida donc de tester cette théorie. Lors d'un voyage habituel, il se dit que la route allait être simple et facile. Il constata que tout allait bien sur la route. Puis il continua à tester sa théorie et se dit que son voyage serait rapide et efficace.

À son arrivée, il remarqua qu'il avait 30 minutes de moins à son voyage contrairement au temps prévu habituellement. Sa perception du voyage avait été raccourcie, puisqu'il avait perçu son voyage de six heures comme un voyage de quatre heures.

Après plusieurs expérimentations, Martin a développé un bon outil lui permettant de faire son voyage dans un temps minimum. Il ne s'endort plus au volant et sa perception de la route a changé à jamais.

Exemple 2 : Mélanie apprend à utiliser la perception du temps.

Mélanie est très active dans sa vie, mais elle manque de temps. En tant que mère monoparentale, elle a beaucoup de responsabilités et de choses à faire. Son horaire de travail et sa vie personnelle sont si chargés qu'elle a peu de temps pour dormir et accomplir tout ce qu'elle doit faire durant sa journée. Elle manque donc d'énergie et de motivation pour tout faire.

Après avoir constaté sa situation, elle commence à **prendre conscience** qu'elle manque de temps et qu'elle doit revoir ses priorités. Plutôt que de penser qu'elle manque de temps, elle commence à se dire « *ce n'est pas une priorité pour moi* ». Elle s'est aperçue qu'elle se sentait coupable chaque fois qu'elle n'avait pas le temps d'accomplir une tâche, même si celle-ci n'était pas prioritaire. Elle décida donc de ne plus dire « *je manque de temps* » afin que cette phrase ne soit plus dans son vocabulaire. Rapidement, elle a constaté que certaines choses étaient prioritaires et que d'autres pouvaient être écartées ou reportées.

Cette **prise de conscience** a permis à Mélanie de faire une liste afin de contrôler toutes les choses qu'elle doit faire. Grâce à cette liste, elle sent qu'elle a moins de poids sur les épaules puisqu'elle peut rayer au fur et à mesure ce qu'elle a accompli. Plutôt que de voir ses tâches comme une montagne, elle les voit de plus en plus comme simples et faciles.

Pour améliorer sa perception du temps, elle commence aussi à se répéter des phrases positives sur le temps. Ainsi, malgré toute la charge qu'elle a sur les épaules, elle arrive maintenant à trouver un équilibre pour accomplir toutes ses responsabilités et avoir du temps pour elle. Se remettre en question a permis à Mélanie de constater qu'elle perdait beaucoup de temps pour rien.

Mantra : J'ai le temps d'accomplir tout ce que je veux.

CHAPITRE 11

J'apprends à rester neutre

Il est peut-être difficile et complexe d'accepter↓♥ que tout arrive pour une raison. Cependant, lorsque j'adopte cette vision des choses, la vie prend tout son sens. Je dois croire que si cela arrive, je suis prêt à grandir et à évoluer. D'ailleurs, c'est la raison de ma venue sur terre, puisque j'expérimente l'**amour** au travers de la peur.

Lorsque je vis une situation, je suis responsable de ma réaction. L'intensité de mon émotion dépend d'où je suis rendu dans mon développement. Si j'ai une réaction forte, j'ai beaucoup de travail à faire. Si j'ai une réaction modérée, je suis dans le bon chemin. Et si j'ai une réaction neutre, c'est que tout est réglé, puisque je me suis libéré ou j'ai suffisamment compris pour ne plus attirer la même situation.

La vie me teste chaque jour. Je dois **prendre conscience** de ce que la vie peut m'apporter afin que je comprenne la personne que je suis ainsi que les gens qui m'entourent. Ainsi, plus je suis conscient, plus il est facile pour moi de détecter les tests que la vie m'envoie. Lorsque la vie me provoque et m'envoie des épreuves, c'est pour que je puisse **prendre conscience** que j'ai quelque chose à travailler sur moi. C'est alors ma réaction qui provoquera la continuité ou la fin de cette expérience.

Si j'analyse ma réaction chaque fois que je vis une situation, je me permets non seulement de voir où je suis rendu dans ma vie, mais aussi de comprendre ce que je vis. Si j'analyse les réactions que je ressens, j'ai déjà fait un travail sur moi. Sinon, ne pas comprendre mes réactions m'amène à rester dans un état de colère et de peur. Chaque jour, j'ai des réactions. Que ce soit par rapport à ce que les gens disent, à ce que je dis, à ce qui m'arrive ou à ce qui arrive aux autres, il est normal d'avoir des réactions.

Les réactions qui me font fortement réagir et qui me font le plus travailler sont celles qui ont une part de vérité. Par exemple, si une personne me dit que je suis jaloux et que, aussitôt, je réagis fortement, cette personne a malheureusement raison, puisque ma frustration implique que je ne suis pas prêt à accepter↓♥ que celle-ci puisse avoir raison. Donc, si je ne suis pas prêt à accepter↓♥ mes torts ou mes défauts, je vivrai encore une fois ce genre de situations.

Plus ma réaction est vive, plus mon comportement est intensément présent en moi. Je dois donc accepter↓♥ cette réaction de ma part afin de pouvoir la travailler pour grandir et m'améliorer.

Comme tout arrive pour une raison, je dois comprendre que toute réaction est bénéfique dans ma vie, puisque chaque personne est un *messager*. Donc, que ma réaction soit très forte, modérée ou neutre, tout est parfait. Chaque instant, la vie m'amène des défis à relever pour **prendre conscience** des choses qui me sont chères, mais aussi pour les travailler afin de devenir un être meilleur. Je suis ici pour évoluer et c'est en travaillant sur moi que mon expérience sera favorable.

Si j'arrive à accepter↓♥, avec le recul, que j'aie quelque chose à comprendre lorsque je réagis dans une situation, je peux passer à l'étape suivante, puisque je possède tous les outils nécessaires pour y arriver. C'est donc l'acceptation↓♥ qui m'amènera à la prochaine étape. Elle me permettra de ne plus attirer ce genre de situation dans ma vie puisqu'elle sera résolue. Plus je comprends les situations, plus il devient facile pour moi de rester neutre. Les premières étapes sont donc plus difficiles à comprendre au début, mais par la suite, elles deviennent beaucoup plus faciles et rapides à assimiler.

Rester neutre envers toute situation ne veut pas dire que je n'ai pas d'émotions ni que je suis sans cœur♥. Ceci veut simplement dire qu'à l'intérieur de moi, je n'ai rien à corriger, car je suis en harmonie avec la situation. Donc, si quelqu'un m'insulte et que je reste neutre face à ces propos, ce n'est pas parce que je n'ai pas de réactions, mais bien parce que cette personne ne m'atteint pas. En restant neutre, je vis quand même des émotions, mais elles seront contrôlées par mon habileté à comprendre la situation. Ainsi, rester zen indique que je ne donne plus d'importance à la situation, puisque j'ai réglé ce que j'avais à travailler.

Lorsque je suis en réaction face à un commentaire de quelqu'un, j'alimente son énergie à vouloir continuer. Et c'est la raison pour laquelle de nombreux manipulateurs ou profiteurs utilisent cette approche pour se nourrir de l'énergie des autres. Si je suis victime ou si je suis faible, je vais attirer des personnes qui chercheront à me faire réagir pour me prouver que j'ai tort et qu'elles ont raison. Elles agissent ainsi pour se nourrir de mon énergie et pour m'empêcher de prendre ma place. En restant neutre face à ce genre de personnes, j'interdis à celles-ci de soutirer mon énergie. Je prends donc ma place. Non seulement, cette personne aura tort, mais elle n'aura pas la chance de se recharger à partir de ma propre vitalité.

De cette façon, si je comprends que chaque situation ou chaque personne que j'attire dans ma vie ont une raison d'être, je deviens l'*observateur* de ma vie. Cette constatation a non seulement un impact sur moi, mais aussi me fait voir les défauts que j'ai à travailler. En restant neutre, j'indique à ma propre matrice de création que j'en ai compris l'enseignement. Elle peut donc arrêter de m'envoyer ce genre d'expériences.

Exemple 1 : Louise apprend à rester neutre.

Louise attire beaucoup de commentaires négatifs dans son milieu de travail. Les gens autour d'elle ont tendance à la provoquer et elle réagit fortement. En plus d'être fatiguée, elle se sent victime. Elle constate que malgré qu'elle ait changé plusieurs fois d'emplois, elle revit les mêmes difficultés.

Elle avait de fortes réactions, car les gens la percevaient négativement et lui voyaient de nombreux défauts. Après plusieurs années à vivre la même chose, elle décide d'en parler à certaines personnes pour mieux comprendre sa situation. Avec le recul, elle sait que c'était elle qui attirait ce genre de situation puisqu'en ayant des réactions très fortes, elle confirmait que ces gens avaient raison. Ainsi, sans être totalement véridique, une partie des commentaires représentaient réellement ce qu'elle était.

Après avoir **pris conscience** de ces réactions, Louise commence à analyser son comportement chaque fois qu'elle vit ce genre de situation. Ainsi, lorsqu'elle réagit, elle l'analyse par la suite. Elle constate que son problème était qu'elle n'acceptait↓♥ pas ce qu'on lui disait. Sa frustration était donc associée à cette vérité. En analysant ses comportements, elle s'est permis d'accepter↓♥ ses défauts, mais aussi s'est donné le droit de les travailler.

Très rapidement, Louise change et apprend à rester neutre dans chaque situation. Elle remarque qu'elle gère de plus en plus facilement sa réaction même quand elle voit que les gens ont raison. Elle accepte↓♥ donc ce qu'elle est réellement afin de pouvoir se changer. C'est à ce moment que ses comportements ont changé et sont devenus plus positifs, puisque graduellement elle réagissait moins fortement à chaque situation. Ainsi, lorsqu'elle a appris à accepter↓♥ qu'une partie de ses critiques négatives reçues étaient véridiques et qu'elle avait la possibilité de les travailler, elle a cessé d'attirer plusieurs de ceux-ci.

Exemple 2 : À cause de la maladie, Patrick apprend à rester neutre.

Fort et solide, Patrick a tendance à imposer aux autres qu'il a toujours raison puisqu'il s'obstine constamment avec les gens qui l'entourent. Il parle souvent de politique, d'économie, de sociétés, etc., mais lorsqu'il en parle, il le fait de façon négative et n'apporte rien de concret ni de constructif. Peu importe ce qu'il dit, la conclusion reste toujours négative. Lorsqu'il discute avec quelqu'un, il est constamment en réaction, car il voit toujours le côté négatif de toute situation.

Il s'entoure soit de personnes aussi obstinées que lui ou de victimes qui lui permettent de se nourrir de leur énergie. Son côté inébranlable l'empêche d'accepter↓♥ que la vie est là pour le faire évoluer, puisqu'il programme sa propre matrice à voir seulement le mauvais côté des choses. Malheureusement, Patrick n'a pas l'intention de changer. Ce sont donc les épreuves de la vie qui le pousseront à former sa vision des choses autrement. Depuis quelques années, Patrick est malade et a failli mourir de sa maladie. Mais, grâce à celle-ci, il a remis sa vie en question.

Par ses réflexions, il s'est aperçu que pour toutes sortes de raison, il était très négatif dans sa vie. Il a constaté que les médias et la société d'aujourd'hui l'influençaient énormément. Sa maladie lui a permis de constater la chance qu'il avait d'être entouré de gens qui l'apprécient et de voir à quel point la vie peut être belle.

C'est à ce moment qu'il comprit qu'il devait voir le côté positif de chaque chose et se focaliser sur celui-ci. Petit à petit, son discours changea. Au lieu de toujours vouloir avoir raison, il se mit à l'écoute autant des gens que de lui-même.

Il a appris à rester neutre envers la vision qu'il avait de la société et de tout ce qui l'entourait afin de pouvoir changer seulement sa perception et rien d'autre. En changeant sa vision des choses, il a cessé d'alimenter le négatif dans sa vie et a grandement permis de modifier son environnement. Il était donc prêt à passer à l'étape suivante. Ainsi, chaque fois qu'il reste neutre, il devient de plus en plus ouvert à la critique et à l'opinion des autres.

Sa maladie l'a beaucoup aidé à prendre du recul et à trouver les meilleurs outils pour voir la vie différemment. Au lieu d'être très réactif, il est devenu quasiment neutre. Aujourd'hui, Patrick apprécie beaucoup plus la vie, car elle est remplie de belles choses et d'expériences évolutives.

Mantra : Je reste neutre envers toute situation.

CHAPITRE 12

J'apprends à devenir optimiste

Être optimiste est quelque chose qui se développe. Certains sont positifs de nature et voient le bon côté des choses. D'autres doivent faire de nombreux efforts pour être optimistes et croire que tout va bien aller. Je peux croire que les personnes optimistes semblent ne pas vivre d'épreuves et qu'ils sont chanceux de vivre ainsi. Cependant, ma perception est fausse, puisqu'ils sont tout simplement capables d'accepter↓♥ positivement chaque chose qui leur arrive. Donc, m'entourer de ce genre de personnes me permet d'avoir une vision différente sur ce que je vis. J'augmente alors mon énergie afin de devenir moi-même un être optimiste.

Bien sûr, les gens qui ont une attitude positive vivent aussi des épreuves. Par contre, contrairement aux autres, ces personnes ne les alimentent pas, mais plutôt restent tout le temps positives afin que leur expérience se termine rapidement. Être optimiste m'amène donc à me détacher de mes épreuves pour que je grandisse et évolue rapidement afin que je puisse trouver un meilleur équilibre dans ma vie.

Comment devenir optimiste? Pour y arriver, je dois constater et ensuite accepter↓♥ que dans mon expérience terrestre, je vis des situations pour me faire évoluer et grandir. À ce moment, je me permets de comprendre que tout arrive pour une raison, puisque toute situation a un début et a une fin. L'objectif de toute expérience est de changer positivement.

Tout d'abord, pour être plus optimiste et transformer ma vie, je dois changer mes croyances. Ainsi, je dois autant modifier ma perception du monde qui m'entoure que celle de moi-même.

La perception de mon environnement extérieur est différente pour chaque personne. Plus je **prends conscience** que ce monde est une forme d'illusion, plus je me rapproche de ma vérité. Il représente donc ma matrice principale me permettant d'évoluer dans un déséquilibre entre la peur et l'**amour**. Par exemple, si je me laisse influencer par la société, je peux avoir beaucoup de difficultés à rester optimiste et positif, car tout ce que je vois et entends possède une connotation négative. Trop mettre d'énergie à vouloir changer la société m'amène à diminuer mon énergie et à alimenter négativement le problème.

Je dois donc changer la perception que j'ai de ce monde et surtout de comprendre l'impact que je peux avoir sur celui-ci. Par mes gestes, je comprends que je peux faire une différence dans cette société, même si l'impact risque d'être minime. Oui, je peux influencer cette société, mais seulement avec l'aide de beaucoup de gens bien intentionnés. Si je suis ouvert à vouloir régler la situation simplement et calmement, j'alimente une énergie de neutralité et non le contraire.

Par contre, ce qui m'intéresse le plus, c'est la perception de mon monde, puisque comprendre ma propre matrice me permet de l'influencer et de la modifier. L'impact que je peux avoir sur moi, à ce moment, peut être énorme. Me choisir et comprendre ce que je vis m'amènera des répercussions autant sur moi que sur les gens qui m'entourent. Grâce aux lois universelles, il est possible de prendre le contrôle de ma propre matrice. Dès que je prends ce contrôle, je peux enseigner aux autres comment le posséder.

Lorsque je **prends conscience** que tout dépend de moi et non d'un inconscient collectif ou inventé, je reprends mon pouvoir. C'est à ce moment que je peux modifier ma vision des choses et m'ouvrir à mes propres capacités. Je ne dois pas oublier que je suis la personne la plus importante. Ainsi, si je veux améliorer mon énergie et devenir la prochaine personne à pouvoir aider les autres, je dois m'occuper de moi en premier.

Rester optimiste au quotidien n'est peut-être pas réaliste, compte tenu de tout ce qui m'entoure, puisque selon l'environnement où je suis, je peux obtenir une bonne ou une moins bonne vibration. Mon environnement est donc important pour m'aider à rester dans une bonne énergie, car autant les gens qui m'entourent que les activités que je veux faire ont un impact sur ma vibration. Si je suis plus introverti, je me détends ou je fais une activité qui me passionne afin de travailler ma pensée et mes paroles. Si je suis plus extraverti, je m'entoure des gens les plus optimistes possible afin de travailler mon environnement.

Les gens qui m'entourent ont une forte influence sur mon niveau d'énergie. Plus ils sont motivés, optimistes et enthousiastes, plus mon énergie restera élevée. Par contre, plus ils sont démotivés, pessimistes et tristes, plus mon énergie, mais aussi mon moral sera à la baisse. Ce qui veut dire que si je suis entouré de personnes ayant une bonne énergie, je resterai, et ce le plus longtemps possible, optimiste, motivé et enthousiaste. Malheureusement, je ne choisis pas toujours les gens qui m'entourent, mais j'ai le choix de rayonner en leur présence afin qu'ils s'adaptent ou pas à mon énergie.

Exemple 1 : Malgré une situation difficile, Francine apprend à devenir optimiste.

Francine est une ancienne alcoolique qui avait beaucoup de difficultés à accepter↓♥le décès de son mari. C'est au moment de son décès qu'elle a sombré dans l'alcool afin d'oublier sa peine et sa douleur face à la perte de celui-ci. Elle vivait avec deux personnalités d'elle-même, soit sa part de **lumière** pour montrer aux autres qu'elle allait bien et son côté sombre autodestructeur pour noyer sa peine.

Bien qu'elle assistait souvent aux réunions des alcooliques anonymes afin de trouver un peu de réconfort, elle avait de la difficulté à rester optimiste après un tel événement. Cependant, tout au long de cette épreuve, une personne a toujours été présente à ses côtés : son frère. Il était là pour lui donner la main et le soutien nécessaire pour l'aider à changer d'attitude et à **prendre conscience** de ce qui lui arrivait.

Arrivée au bout du rouleau après plusieurs années à vivre avec ce problème, elle demande l'aide de son frère. Il lui conseille de cesser de se plaindre et de s'entourer de meilleures personnes, puisque lorsqu'elle côtoie des gens alcooliques, son énergie baisse et elle devient triste et maussade. Ceci l'amène à s'acharner à dire qu'elle est une alcoolique et qu'elle a peur de résoudre ce problème.

Plusieurs semaines passées avec son frère lui ont permis de voir le bon côté de la vie, car son frère avait une bonne influence sur elle. Elle a appris à comprendre son côté sombre et autodestructeur afin de devenir une seule et même personne. Elle a même accepté↓♥ que tout arrive pour une bonne raison. Pour se détendre et apprivoiser positivement son deuil, elle a développé des passions qui lui permettent d'être heureuse. Grâce à tout cela, elle a changé sa perception d'elle-même et du monde qui l'entoure et a réussi à se sortir de sa noirceur et de comprendre ce qui l'alimentait.

Francine vit maintenant beaucoup plus de belles choses et de passions qu'elle n'a jamais eues auparavant. Son environnement s'est grandement amélioré, car plusieurs personnes se sont éloignées, tandis que d'autres se sont rapprochés. Elle a cessé d'être négative et essaye de voir le bon côté dans chaque situation. Elle est devenue motivée et motivante, assez pour devenir conférencière dans le but de parler de son expérience et d'enseigner comment devenir optimiste.

Exemple 2 : Optimiste de nature, Charles apprend à comprendre ce don qu'il a.

Charles est optimiste de nature. Il l'a toujours été depuis sa tendre enfance. Autant dans sa vie personnelle que professionnelle, les gens l'apprécient tel qu'il est. D'ailleurs, il attire toutes sortes de personnes à cause de cette énergie positive.

Après quelques années de développement personnel, il constate que cette énergie peut être accessible à tous. La seule difficulté est de maintenir sa motivation afin de rester dans cet état d'esprit. Pour aider les gens, il décide de leur enseigner les meilleurs outils possibles pour rester optimiste dans toute situation. N'ayant aucune attente, les gens ont commencé à venir de plus en plus vers lui. Il était donc prêt à aider les gens pour qu'ils puissent trouver leur propre **lumière**.

Cependant, après un certain temps, Charles est obligé de constater que la majorité des gens viennent le voir pour son énergie et non pour trouver des solutions efficaces à leurs problèmes. Ils recherchaient la pilule miracle plutôt que faire le travail par eux-mêmes. Ainsi, la plupart des gens qu'il voyait étaient beaucoup plus dépendants de lui que l'inverse. C'est à ce moment qu'il comprit les limitations de son enseignement et décida qu'il devait lui-même s'entourer de personnes pouvant l'aider à continuer son enseignement. Il constata que lorsqu'il était en présence de plusieurs personnes semblables à lui, il était beaucoup plus facile pour lui de rester optimiste.

Sa vision des choses est devenue de plus en plus claire lorsqu'il a compris que sa fatigue était causée par ces gens qui lui soutiraient constamment son énergie pour augmenter la leur. Maintenant, pour ne plus vivre ce genre de situation, il enseigne à tous comment devenir indépendant et motivé afin d'augmenter sa propre motivation au quotidien. Par cette expérience, il a compris que l'entourage peut être un problème pour toute personne qui désire garder son énergie et sa motivation positivement constante.

Mantra : Je reste optimiste,
car la vie est de plus en plus belle.

CHAPITRE 13

J'apprends à accepter↓♥ toute situation

Comme ma vie est remplie de joie et de peine, il est normal que je me questionne. Je cherche à connaître les meilleurs moyens permettant d'accélérer le processus de résolution de mes expériences. Il est parfois difficile ou incompréhensible de saisir pourquoi la vie m'envoie ces expériences. Même si j'ai compris la notion que tout arrive pour une raison, il est parfois difficile d'accepter↓♥ que cela arrive pour de vrai. Ainsi, qu'il s'agisse de traumatismes, de douleurs, de situations immorales ou intolérables, d'injustice ou de tout autre facteur illogique, ceux-ci provoqueront chez moi des remises en question sur ma vie.

Que je crois en une divinité, une religion ou même en rien, il y a quelque chose qui domine mon expérience. Peu importe ma façon de penser ou de croire, plusieurs choses se manifestent pour que je puisse réellement connaître la personne que je suis. Je comprends que le hasard et la chance n'existent pas, puisqu'il y a un plan supérieur pour chaque personne afin que mon expérience en soit fructifiée. Il est donc naturel chez moi de chercher des réponses dans la science ou la spiritualité pour éclaircir ce que je vis au quotidien.

Grandir et évoluer veut dire que je cherche à avancer et à prendre le contrôle de ma vie. Je deviens de plus en plus **conscient** que la vie m'amène, chaque fois, vers une étape supérieure. Je monte alors graduellement l'escalier de ma vie dont chaque marche est une étape de plus vers mon cheminement intérieur et la compréhension de moi-même. Pour monter chaque marche, je dois comprendre que la situation avait une raison d'être. Malheureusement, certaines situations sont difficiles à comprendre. Cependant, même si cet événement est une étape dans mon chemin de vie, il n'est pas toujours nécessaire de tout contrôler pour l'accepter↓♥.

L'acceptation↓♥ est l'élément le plus important à comprendre pour évoluer et passer à la prochaine étape. Je dois comprendre que dans chaque épreuve, il y a un enseignement derrière et c'est en acceptant↓♥ la situation que je me permets de passer le plus rapidement possible au travers de cette épreuve. Tant et aussi longtemps que je n'ai pas accepté↓♥ la situation, l'épreuve stagne et il est beaucoup plus difficile pour moi de passer à l'étape suivante.

Il est primordial de comprendre le principe de l'acceptation↓♥, car c'est le tremplin vers la prochaine étape. Si j'accepte↓♥ la situation présente, je serai plus fort et j'aurai de meilleurs outils pour affronter l'étape suivante qui est en cours de préparation. À chaque marche que je monte, je deviens plus confiant, plus courageux, mais aussi plus **conscient**. Chaque expérience est là pour me faire grandir, puisque dans toute difficulté, j'apprends à me relever. Je deviens donc plus fort.

Même si je dois accepter↓♥ toute situation, il n'est pas facile de le faire, car lorsqu'il m'arrive une épreuve très difficile, autant par rapport à mon passé que dans mon présent, il est parfois injuste d'accepter↓♥ que de tels gestes aient eu lieu. Par contre, comme la vie est une expérience, elle m'envoie tout simplement cette situation pour me faire grandir. J'ai le droit de ne pas toujours être d'accord avec ce qui m'arrive, car pour moi, ces épreuves sont injustifiées et non méritées. À ce moment, il est évident qu'il est beaucoup plus complexe pour moi d'être en harmonie avec le principe que tout arrive pour une raison.

À partir de cet instant, même si je ne suis pas d'accord avec ce que je vis ou ai déjà vécu, je dois tout de même l'accepter↓♥. Cette acceptation↓♥ doit être faite dans la **conscience** que la vie m'a envoyé cette situation afin de me faire grandir et évoluer. C'est donc cette même expérience qui me montre mes faiblesses afin que je puisse me renforcer pour les prochaines étapes de ma vie.

La **prise de conscience** que je vis grâce à ces expériences m'amène tout simplement à évoluer. Même s'il est souvent illogique de vivre certaines situations, elles me permettent de me remettre en question et d'être attiré vers la spiritualité ou le développement personnel. Lorsque je décide d'accepter↓♥ les épreuves difficiles de mon passé et de mon présent, je deviens une meilleure personne. Grâce à ces épreuves, ma perception change par rapport à toutes les situations passées ou futures se succédant tout au long de ma vie.

Ce n'est pas nécessaire d'avoir de la gratitude envers les épreuves difficiles que j'ai vécues, mais l'acceptation↓♥ de chacune, *sans être d'accord pour autant*, m'amène à passer à l'étape suivante. Il est donc très important que je comprenne *que je n'ai pas besoin d'être d'accord avec la situation* pour pouvoir passer à l'étape suivante. Cependant, je dois tout de même être conscient pourquoi cette épreuve m'affecte, puisqu'il y a toujours une raison pour chaque chose. Je deviens donc la meilleure personne pour affronter mes propres épreuves, car grâce à mes forces et aux outils que je suis allé chercher, je suis capable maintenant d'affronter les suivantes.

Avec le recul, j'ai plus de facilité à accepter↓♥ ce que j'ai vécu, car j'ai une vue d'ensemble sur la situation et je comprends beaucoup plus les raisons qui m'ont amené à vivre cette expérience. Donc, grâce à ces épreuves, aujourd'hui, je suis la personne que je suis et il est important que j'accepte↓♥ tout ce que j'ai pu vivre, car je me permets maintenant d'avancer.

L'acceptation↓♥ est donc une forme de pardon ou de libération qui me permet de terminer l'expérience en cours afin de passer à l'étape suivante. Sans cette acceptation↓♥, l'expérience continue à m'affecter et m'amène sans cesse à tourner en rond, car je n'ai pas compris le message caché derrière cette expérience. Alors, lorsque je vis le même genre de situation depuis des années, je n'ai tout simplement pas encore accepté↓♥ que cela avait une raison d'être dans ma vie.

Exemple 1 : Karine doit accepter↓♥, pour libérer son passé.

Karine a vécu une enfance difficile. Elle a eu beaucoup de traumatismes dans sa jeunesse, puisqu'elle a été abusée par un membre de sa famille. Elle a toujours vécu de la rancune et de la culpabilité face aux événements qui se sont passés. Elle n'avait jamais osé en parler et gardait le chagrin à l'intérieur d'elle. Elle trouvait la vie difficile et injuste, car elle n'arrivait pas à comprendre pour quelles raisons elle a vécu ce genre d'épreuves.

Sa vie en tant que mère était très affectée, car elle surprotégeait ses enfants afin qu'il ne leur arrive rien. Elle essayait de les élever dans la sécurité qu'elle n'avait pas eue, à tel point que ceci devenait malsain, car elle les empêchait de vivre leur expérience et diminuait leur confiance. Plusieurs personnes lui ont fait comprendre son comportement protecteur et l'ont aidée à accepter↓♥ ce qu'elle avait vécu.

Après des années de tourments, Karine comprend qu'elle tournait en rond depuis les événements de sa jeunesse, puisqu'elle n'avait jamais accepté↓♥ les traumatismes qu'elle avait vécus ou même oubliés. Elle décide donc de réouvrir ce chapitre de sa vie afin de pouvoir éliminer définitivement les effets négatifs sur son quotidien. Malgré les difficultés à affronter ses vieux démons, Karine commença à en parler afin d'être capable d'accepter↓♥ et de mettre un terme à la situation.

Elle comprend alors que la seule solution pour elle est d'avancer et d'accepter↓♥ ce qu'elle a vécu. Elle n'était pas d'accord d'avoir vécu ces événements injustes et injustifiés, mais un énorme poids avait été enlevé de ses épaules. En vivant de telles expériences, elle a compris qu'elle est devenue beaucoup plus forte et déterminée à aider les gens qui ont vécu la même situation. Aujourd'hui, Karine est thérapeute et aide les gens à se sortir de ce genre de situation, puisqu'elle est la meilleure personne pour comprendre ce qui leur est arrivé et les aide à éliminer rapidement ce lourd fardeau.

Par ces expériences traumatisantes, Karine a évolué et grandi. Elle a monté une par une les marches pour devenir de plus en plus forte et trouver sa voie pour avoir un meilleur équilibre dans sa vie quotidienne.

Exemple 2 : Joseph doit accepter↓♥ son passé.

Joseph est souvent en colère contre sa famille, puisqu'il reçoit de nombreux commentaires de son entourage exprimant la perception qu'ils ont de lui ou des choix qu'il a fait dans sa vie. La solitude et l'intimidation de la part de ses proches l'ont affecté et ont détruit sa confiance envers lui-même. Il vivait donc au quotidien des épreuves difficiles, puisqu'il préférait blâmer son sort plutôt que d'accepter↓♥ ce qui s'était passé.

Après avoir rencontré plusieurs thérapeutes, Joseph comprend qu'il doit accepter↓♥ tous les jugements qu'il a reçus afin que cette épreuve soit bel et bien terminée pour pouvoir commencer une nouvelle étape dans sa vie. Même s'il n'était pas d'accord avec les injustices qu'il a vécues, il devait les accepter↓♥ quand même afin de devenir plus fort et plus confiant. Il a **pris conscience** et mis en pratique, grâce à quelques outils, qu'il devait absolument augmenter sa confiance en lui afin d'être plus fort et solide devant toute situation.

Quelque temps plus tard, Joseph constate que beaucoup de gens autour de lui vivaient le même genre de situation. Pour son entourage, il était donc devenu un exemple, car les épreuves de son passé lui ont permis de s'épanouir et de trouver les bons outils pour grandir et évoluer afin d'améliorer sa vie en général.

Joseph n'aurait jamais considéré le chemin qu'il vit maintenant sans avoir vécu les épreuves de sa jeunesse. Aujourd'hui, il est fier de ce qu'il a accompli et de la personne qu'il est devenu, puisqu'il accepte↓♥ maintenant et comprend que ce qui l'a rendu faible était pour le rendre plus fort.

Mantra : Lorsque j'accepte↓♥,
je deviens meilleur et plus fort.

CHAPITRE 14

Tout ce qui a un début a une fin

La vie est une suite d'expériences interminables où plus je **prends conscience**, plus je peux profiter de celle-ci. Afin d'avoir mon plein potentiel pour affronter les épreuves de la vie, je dois posséder de bons outils pour vaincre ma peur et avancer de façon simple, rapide et efficace.

Pour avancer dans plusieurs domaines de ma vie, je dois apprendre à terminer ou fermer des portes, car plus j'ai de choses en cours, plus il est difficile pour moi de filtrer ce que je peux ou ne peux pas faire. Même par l'application des lois universelles, il est possible que je n'arrive pas à avancer ou à passer à l'étape suivante, car je n'ai pas lâché prise.

Un outil très puissant pour avancer est la visualisation ou l'application de fermer des portes. Si je veux avancer, je dois comprendre qu'il est important d'avoir confiance en la vie. Comprendre que tout est résolu, peu importe la situation, est ma priorité. Évidemment, je peux avoir de la difficulté à mettre fin à plusieurs situations, car je suis attaché à mes insécurités.

Voici un exemple qui démontre l'importance de fermer des portes :

Je veux un nouvel emploi. Avec mon expérience et mon optimisme, j'ai suffisamment confiance en moi pour en trouver un. Je décide donc de quitter temporairement mon travail actuel afin de me donner la chance de trouver beaucoup mieux. Cependant, j'ai toujours la possibilité de revenir en arrière et de retourner à mon ancien travail. Donc, malgré tous mes efforts, je n'ai effectivement pas trouvé ce nouveau travail et je dois me résigner à retourner à mon ancien emploi.

Si j'analyse cette situation, je découvre qu'il y a un paradoxe. D'un côté, j'ai confiance que la vie est là pour m'aider à créer la suite des événements, de l'autre, je démontre un manque de confiance envers la vie, car je laisse la porte ouverte à mon ancien emploi. Ces deux situations sont contradictoires et démontrent que rien ne peut avancer, car je veux aller dans les deux directions. La solution aurait donc été de fermer définitivement la porte de mon ancien travail afin de pouvoir trouver mieux. Ainsi, lorsque je ferme une porte, je décide d'avancer sans savoir où je vais. J'avance alors dans l'inconnu avec mes peurs et mes insécurités, mais en ayant la confiance que la situation est déjà résolue. D'ailleurs, Christophe Colomb disait « *On ne va jamais si loin que lorsque l'on ne sait pas où l'on va* »

Pour arriver à fermer des portes dans différentes situations, je dois utiliser des outils concrets et rationnels. Par exemple, je prends un papier, j'inscris la situation, le nom de la personne ou de l'entreprise dont je désire me détacher. Par la suite, je place cette feuille sur une porte. Avant de fermer la porte, je remercie que la situation s'est présentée à moi et que je suis fière de l'apprentissage et des accomplissements que j'ai fait face à cette situation. Puis, je mentionne « *c'est* ***terminé*** » et je ferme la porte.

Je peux faire ce même exercice en visualisation, mais il est préférable de le faire concrètement, car mon mental est plus réceptif à accepter↓♥ ce geste.

Dès que je ferme des portes, de nouvelles s'ouvrent. Il devient alors plus facile pour moi de comprendre la fin d'une situation et le début d'une nouvelle, car plus je **prends conscience** de l'impact de fermer des portes, plus je suis libre de créer mon propre chemin pour la suite. Une fois les portes fermées, les épreuves que j'attirais et qui se répétaient cesseront, car j'ai décidé d'accepter↓♥ que l'épreuve était terminée.

Je dois savoir aussi que l'insécurité n'existe pas. Mon expérience terrestre m'a permis de vivre plusieurs expériences autant positives que négatives. Chaque événement de ma vie a eu un début et une fin. C'est la même chose pour la loi universelle, c'est-à-dire que chaque épreuve a toujours une conclusion. C'est donc ma programmation et non la réalité qui crée mon insécurité. Cette insécurité vient du fait que je suis incapable de voir qu'il y a une fin pour chaque chose. Je crois non seulement que mes épreuves futures n'auront pas de fin, mais qu'il sera aussi difficile pour moi de les régler. Cette programmation de m'inquiéter est naturelle chez moi, car c'est dans la nature de l'être humain de s'inquiéter pour quelque chose qui n'est pas réglé au lieu de me convaincre que tout ira bien.

Comme tout arrive pour une raison et que chaque chose a une fin, je suis convaincu que toutes mes épreuves seront résolues. Il est donc inutile de perdre mon temps et mon énergie par rapport à mon futur.

Exemple 1 : Claude doit fermer une porte afin d'en ouvrir une nouvelle.

Depuis plusieurs mois, Claude vit une séparation difficile. Il est en instance de divorce. Il a de la difficulté à accepter↓♥ cette situation et voit difficilement comment il peut vivre sans sa femme et ses enfants. Une fois le divorce prononcé, Claude essaie de refaire sa vie.

Plus d'une année après les événements, Claude n'arrive toujours pas à trouver l'**amour**. Toutes les relations qu'il a eues se sont terminées rapidement. Cette situation l'a forcé à admettre qu'il aimait toujours son ancienne femme et qu'il se sentait anxieux lorsqu'il vivait seul.

Après avoir **pris conscience** de ces faits, il décida donc de fermer définitivement la porte et de passer à autre chose. Il fit l'exercice simple d'inscrire le nom de son ex-femme sur une feuille et de la placer sur une porte. Avant de fermer celle-ci, il remercia ce que la vie lui avait apporté face à cette femme et la ferma en disant que c'était **terminé**. Même si par la suite, rien ne semblait avoir changé, il avait, au contraire, modifié sa situation.

Quelque temps après, Claude a eu un accident de voiture. Rien de grave, mais la femme qui est entrée en collision avec lui, Danielle, a véritablement attiré son attention. Attirés l'un vers l'autre après quelques rencontres, ils sont devenus un couple. Claude a donc constaté que lorsqu'il a cessé de chercher une femme dans sa vie, il l'a trouvée à un moment inattendu. Aujourd'hui, Claude et Danielle vivent toujours ensemble et apprécient comment ils se sont rencontrés. Ainsi, il faut croire que dans la vie, tout arrive pour une raison et que tout ce qui a un début a une fin.

Exemple 2 : Caroline doit fermer la porte.

Caroline, en poste depuis plus de 10 ans dans une entreprise, avait une belle stabilité financière. Pendant ces années, elle étudiait aussi en massothérapie afin de vivre de cette passion et changer d'emploi. Après quelques années à se forger une clientèle les soirs et les fins de semaine, elle était épuisée de faire autant d'heures pour ses deux emplois.

Elle avait une décision à prendre, mais celle-ci était difficile pour elle, car elle essayait de se convaincre que lorsqu'elle aurait suffisamment de clients, elle pourrait travailler quatre jours par semaine à son deuxième emploi. Même après deux ans de réflexion, elle n'était toujours pas prête à faire suffisamment confiance en la vie ou en son pouvoir de création. Un jour, elle rencontra un collègue massothérapeute, qui lui suggéra de travailler quatre jours par semaine à son emploi et de faire des massages durant sa cinquième journée. Donc, tant qu'elle n'acceptait pas de mettre sa passion en priorité, elle allait attendre.

Elle décida donc de travailler quatre jours par semaine. Et effectivement, elle constata qu'elle était capable de remplir sa cinquième journée. Par contre, elle avait encore une décision à prendre : est-ce qu'elle conserverait deux emplois? Avec de bonnes intentions et du courage, elle décida définitivement de quitter son emploi permanent afin de vivre de sa passion. Cependant, après quelques semaines seulement, elle constata que rien ne fonctionnait. Elle se sentit coupable d'avoir quitté son emploi et voulait retourner en arrière, puisque son insécurité était trop grande à ses yeux.

Son insécurité lui permet de constater que son ancien travail avait encore de l'impact dans sa vie. Elle décide donc de couper tous les liens avec celui-ci. Ainsi, elle met sur un papier le nom de son ancien employeur et place la feuille sur une porte. Elle remercie cet emploi et accepte↓♥ tout ce qu'il lui a apporté. Puis, elle ferme la porte en se disant que c'est terminé. Le lendemain, elle constate, tant par courriel que par téléphone, que plusieurs clients veulent la rencontrer. Elle s'est donc rendue compte que c'était elle qui n'avait pas fait confiance à 100% à la vie et en son pouvoir de création.

Caroline est maintenant massothérapeute à temps plein. Elle a une belle clientèle et adore sa passion au quotidien. Il y a seulement un an, tout était impossible pour elle, mais grâce à sa **prise de conscience**, elle a réussi à se prouver le contraire. Son ancien emploi devait effectivement se terminer afin qu'elle puisse accomplir quelque chose de beaucoup mieux.

Mantra : Tout ce qui a un début a une fin.

CHAPITRE 15

J'apprends à lâcher prise

Le développement personnel et la **prise de conscience** me permettent de voir que le meilleur outil pour accomplir mes objectifs est tout simplement le lâcher prise. Si j'ai trop d'attente, des émotions trop fortes, un manque de confiance envers la vie, de la difficulté à laisser-aller, etc., rien n'avancera et les résultats se feront attendre.

Parfois, même si je suis optimiste et déterminé, il arrive que mon pouvoir de création ne semble pas fonctionner ou que lorsque j'utilise les lois universelles pour créer, je n'arrive pas à comprendre pourquoi je n'atteins pas mes objectifs. Tout est dans la capacité à laisser-aller. C'est la clé de la réussite. Ainsi, lorsque rien ne fonctionne, c'est que je suis toujours attaché à quelque chose qui m'empêche d'avancer. Ces liens peuvent être affectifs, matériels, familiaux, nostalgiques ou autres. C'est pourquoi les limites de mon pouvoir de création sont associées à ces attachements.

L'impact que ces liens ont sur ma vie fait en sorte qu'il sera difficile, pour moi, de voir clairement ce qui m'empêche d'avancer. Je dois **prendre conscience** que, si quelque chose n'avance pas, c'est qu'il y a quelque chose qui me nuit à progresser. Je dois porter attention au doute, à la peur ou à mes attentes, car elles sont des limitations très fortes. Je dois donc devenir conscient afin de pouvoir les bloquer.

Mais comment je peux lâcher prise et quelle est la meilleure technique pour y arriver? Tout d'abord, je dois accepter↓♥ la situation. Ensuite, je dois fermer les portes afin que ma situation soit complètement terminée, car je veux que quelque chose de mieux se présente. Après cette action, je ne dois avoir aucune attente, car j'ai entièrement confiance que tout est résolu. C'est à ce moment que ma pensée créatrice peut se manifester et créer exactement ce que je veux dans ma propre matrice.

Je suis autant mon meilleur ami que mon pire ennemi. Je suis donc la ressource principale pour arriver à créer, de façon constructive et positive, tout ce que je veux dans la vie. Ainsi, le travail sur moi doit être constant et présent tout au long de mon évolution. Je dois alors manifester une intention soit à ma matrice, à la vie, à l'univers ou à Dieu afin de créer ce que je veux.

Par exemple, lorsque je crée une demande, que ce soit pour ma santé, mes finances ou mon bien-être, j'ai simplement besoin de créer *une fois*, mais elle doit être faite de la bonne façon. Le plus gros obstacle à ma demande est le doute, car celui-ci possède une grande influence sur ma façon de créer. C'est à cause du doute que mon mental devient mon ennemi, puisqu'il efface la demande que j'ai créée. Ainsi, chaque fois que le doute est présent, je devrai à nouveau refaire ma demande jusqu'à ce que je réussisse à lâcher prise.

Voici un exemple pour comprendre le principe :

Lorsque je commande une pizza, je demande tous les ingrédients que je veux. Ensuite, j'attends de recevoir ma pizza directement à ma porte.

Si j'analyse cette situation, je peux la comparer à une demande de création consciente que je fais dans ma propre matrice. C'est également une analogie très réaliste du comportement que je peux avoir lorsque je crée une demande. Commander une pizza est la même chose que faire une demande, c'est-à-dire que je fais ma demande comme si je commandais ma pizza. Ainsi, une fois que l'appel a été fait, la demande est faite. Ensuite, j'attends que la pizza ou la demande arrive à la porte ou dans ma vie. Je ne doute aucunement lorsque je commande une pizza, mais j'ai une tendance à douter lorsque je fais une demande. Je n'appelle pas à la pizzeria toutes les cinq minutes pour savoir si ma pizza arrive bientôt, car je sais qu'elle s'en vient. Lorsque je crée une demande, mon doute est exactement comme si j'appelais toutes les cinq minutes pour m'assurer que c'est bien en route. Alors, la meilleure façon de lâcher prise, c'est de faire ma demande une seule fois et d'attendre qu'elle arrive.

Il est important, lorsque je fais une demande, de la faire à *voix haute* pour que la vibration de celle-ci soit puissante et qu'elle vibre dans toutes mes cellules. C'est un détail bien simple, mais qui aura un meilleur impact pour attirer plus rapidement la demande que j'ai faite.

Le piège qui arrive souvent, c'est que mon doute est trop présent et efface ma demande. Je dois alors la refaire, car l'ancienne n'existe plus. Il est donc important de comprendre que le doute est mon pire ennemi. Par contre, en me répétant *que tout est résolu et que tout ira bien*, je mets fin au doute et aide à la réalisation de ma demande.

Un détail important est que si j'ai fait depuis longtemps ma demande et qu'elle tarde à venir, je dois savoir qu'il y a un enseignement à comprendre avant de la recevoir. Si, par contre, il y a plus d'un mois que je n'ai rien reçu, alors je l'efface et j'en crée une nouvelle. Je vais constater que ma demande est beaucoup plus claire et précise que l'ancienne, car depuis plus d'un mois je vis des expériences qui m'ont fait grandir et changer ma perception face à cette nouvelle demande. C'est comme si la vie avait voulu me faire attendre pour que je devienne plus fort et plus conscient afin de m'apporter quelque chose d'encore mieux.

La visualisation est une autre façon, tout aussi puissante, de lâcher prise. Je visualise, tout simplement, dans un avenir raisonnable, que l'événement est résolu et accompli. Ceci permettra de créer cet événement dans le futur. Lorsque je dis raisonnable, je veux dire que je visualise la situation résolue dans quelques mois ou dans une année. Je peux visualiser avec beaucoup de détails ou très peu, mais l'important, c'est de ressentir une émotion. Cette émotion, c'est la joie et le bonheur que cet événement soit effectivement résolu. Et lorsque le doute est dans ma tête, je me remémore ce sentiment de liberté et de réussite.

Je dois **prendre conscience** que même s'il est logique ou illogique que la situation se règle, *je ne dois pas chercher à comprendre comment elle va se résoudre*. Évidemment, mon mental essaiera de trouver une façon logique de résoudre ce problème et passera à côté de choses qui peuvent arriver même si elles sont peu probables. Il est donc important de laisser la vie diriger les détails importants de mon cheminement. Lorsque je visualise, je me concentre sur la résultante et non sur comment je vais réussir à résoudre la situation. Et même si je visualise que l'événement soit résolu dans une année, celui-ci peut être résolu beaucoup plus tôt que prévu, puisque le temps n'a pas d'importance. Seul l'apprentissage et la synchronicité peuvent m'aider à obtenir ce que j'ai demandé.

Cependant, le stress est un élément qui peut m'empêcher de voir clairement la situation. Lorsque mon niveau de stress est trop élevé, il est beaucoup plus difficile pour moi de trouver la solution ou que celle-ci vienne à moi. Si je **prends conscience** que le stress peut affecter réellement ma vie, je dois trouver des façons de le gérer afin de reprendre mon pouvoir.

Ainsi, pour me calmer et gérer mon stress, je peux utiliser la méditation. Il y a plusieurs façons de méditer. Je peux autant faire de la méditation inactive qu'active pour calmer mon mental. La méditation inactive est souvent la plus utilisée, mais je peux aussi faire de la méditation active, c'est-à-dire faire une passion qui me permet de penser à autre chose pendant un moment. Ceci me permet également de calmer mon stress. Alors, plus j'essaie de découvrir et de travailler mes passions, plus il est possible pour moi de gérer mon mental et mon stress. Toute forme de discipline qui nécessite de la concentration est très bénéfique pour gérer son stress. Que ce soit dans les sports, la lecture, les jeux vidéo, les activités manuelles, l'éducation ou autres, il y a diverses façons d'arriver à diminuer le stress. Je dois trouver celle qui est la plus adaptée pour moi afin de la faire le plus souvent possible.

Exemple 1 : Alexandre doit lâcher prise pour perdre du poids.

Alexandre veut perdre du poids. Il a essayé plusieurs régimes alimentaires et chaque fois, les résultats étaient décevants. Il n'était pas conscient de ce qu'il voulait vraiment perdre, autre que son surpoids. Il perdait beaucoup de temps à s'entraîner et avait très peu de résultats. Il décida de consulter un thérapeute afin de l'aider à atteindre ses objectifs.

Le thérapeute lui suggéra d'avoir, tout d'abord, un objectif. Pour y arriver, il devait se visualiser avec le corps qu'il voulait atteindre dans un futur raisonnable. Grâce à cette visualisation, son entraînement avait un but. Par la suite, son thérapeute lui fit accepter↓♥ qu'il devait comprendre ses émotions afin de pouvoir les libérer. Alexandre a donc commencé à écrire toutes les choses difficiles qu'il avait accumulées à l'intérieur de lui depuis des années afin de pouvoir les éliminer.

Le régime alimentaire et l'entraînement qu'Alexandre a suivi après avoir pris **conscience** l'ont amené à avoir des résultats très bénéfiques, rapides et constants. Aujourd'hui, il est fier de lui et continue à garder un poids santé.

Exemple 2 : Émilie constate la puissance du lâcher prise.

Après ses études, Émilie désire vraiment trouver un emploi dans son domaine. Malgré que son domaine d'étude soit très peu accessible, elle reste enthousiaste et très motivée à se trouver un emploi. Elle écrit donc sur une feuille le texte suivant :

J'ai un emploi très intéressant dans le domaine que j'ai étudié. L'environnement de travail est agréable, situé près de chez moi et avec un salaire très raisonnable. Celui-ci me permet d'exploiter tous mes talents connus et inconnus. J'obtiens cet emploi facilement et dans les plus brefs délais.

Une semaine plus tard, elle remplit trois demandes d'emploi et passe deux entrevues. L'une d'entre elles lui a permis de décrocher un poste qui l'intéressait vraiment. Émilie a donc créé en toute simplicité. Elle a réussi à lâcher prise, car une fois sa demande écrite et dite à voix haute, elle a été capable d'éliminer le doute et de croire que tout était résolu. Elle a donc été capable de créer rapidement son intention dans sa propre matrice.

Mantra : Je lâche prise sur toute situation, car tout est résolu.

CONCLUSION

Lorsque je **prends conscience** que la vie est un terrain de jeu dans lequel j'ai le privilège de m'amuser, toute situation ou événement a un sens et une raison. Être conscient est une force qui m'amène à grandir et évoluer. J'apprécie alors la vie telle qu'elle est afin de profiter de toutes les possibilités qui se présenteront à moi. Pour y arriver, je dois accepter↓♥ mes limites et mes pouvoirs afin de comprendre que je ne suis jamais seul dans cette expérience.

Chaque personne, incluant moi-même, possède sa propre vérité. Il est donc important que je **prenne conscience** que chaque personne est différente et que selon le cheminement de chacun, certains comprendront ce que je fais, d'autres non. C'est pourquoi je dois respecter les limites et la vérité de chacun. Je dois apprendre à être flexible avec ma vérité afin qu'elle évolue tout au long de ma vie. C'est de cette manière que je grandis et évolue, car je reste ouvert et à l'écoute des autres.

Je n'oublie pas que les outils les plus simples sont les plus efficaces. Donc, pour affronter et comprendre toute forme de situation, j'ai besoin …

1. de phrases significatives qui provoqueront les changements nécessaires pour m'aider à avancer dans la vie :

– Tout est résolu

– Il y a mieux qui m'attend

– J'accepte↓♥ la situation afin d'y mettre fin

– Je m'aime et m'accepte↓♥ tel que je suis

– L'impossible devient possible

– La vie est simple, facile, joyeuse et magique

– Je suis la personne la plus importante

2. de créer ma journée de demain. Ainsi, lorsque je vais me coucher, je crée et décris de façon positive ma journée de demain. Je me dis

que tout ira bien et que celle-ci sera merveilleuse autant dans mon apprentissage que dans mon évolution personnelle. Mon objectif est de provoquer une énergie positive dans chaque situation que je vis.

3. de m'entourer de gens qui m'inspirent afin que je sois motivé et optimiste. Mon environnement m'affecte et j'affecte mon environnement. Il est donc important que je choisisse un bon environnement pour moi afin que les répercussions soient positives dans ma vie, mais aussi dans celle des autres. Pour y arriver, je dois donc m'habituer à être avec les bonnes personnes et m'éloigner des gens qui ne correspondent pas à mon énergie.

4. de savoir que je possède, à l'intérieur de moi, tous les outils nécessaires pour évoluer. Lorsque mon jugement est parfois assombri par mon stress et mes peurs, il peut m'arriver d'avoir besoin d'une aide extérieure pour trouver mes ressources intérieures. Et c'est normal. Je dois donc comprendre que ce n'est aucunement une faiblesse, mais bien un cheminement vers mon accomplissement.

5. de prendre du recul lorsque je vis des événements importants afin de m'aider à avoir une vision plus ouverte sur la situation pour la comprendre. Ainsi, je pourrai constater les cadeaux déguisés qui se cachent derrière cette illusion d'échec.

6. et de croire que la synchronicité est présente tout au long de ma vie lorsque j'accepte↓♥ que mon regard s'ouvre à une nouvelle perception de mon monde et de mon cheminement. Il n'y a pas de vacances pour les gens conscients, puisque c'est un parcours évolutif vers une ascension de soi-même.

Je n'oublie surtout pas que TOUT ARRIVE POUR UNE RAISON, car il y a un enseignement dans chaque situation que je vis. Tous ces événements sont là pour me faire évoluer. Il y a toujours une solution, car je possède mes propres outils pour passer chacune de mes épreuves. Et même si je vis une situation difficile, tout a un début et une fin. Liste de nos produits :

POUR REJOINDRE L'AUTEUR

Voici plusieurs raisons de visiter le site web de Carol Boucher :

– Vidéos gratuits

– Informations sur les événements à venir

– Découvrir l'artiste, formateur, conférencier et auteur

– Inscription à l'infolettre des événements dans votre région

– Contact pour rendez-vous ou organiser vos propres événements

Courriel : **info@zoneenergie.com**

www.carolboucher.ca

LISTE DE NOS PRODUITS

LIVRES

AUTEUR(E)	TITRE DU LIVRE
Bernadette LeGoff	Le couple sacré
Carole Dionne	Au-delà du visible, il y a l'invisible
Carol Boucher	La simplicité au quotidien
Caroline David	Ma Vie, mon Miroir
Catherine Guin	2012-2019 IMPACT planétaire et spirituel
Diane Bolduc-Boutin	LA NATUROPATHIE AU SERVICE DE LA PÉRINATALITÉ
	Et Dieu créa la Femme… mais !
Jaques Martel	Le grand dictionnaire des malaises et des maladies
	La Technique d'Intégration par le Coeur©
	LE POUVOIR DU REIKI
	Le Pouvoir de l'ENGAGEMENT… ou comment agir en GAGNANT !
	ATMA, le pouvoir de l'Amour
	ATMA et le cercle de Guérison
	RETOUR vers la Source
	Le POUVOIR des MOTS... qui me libèrent!
	Les 5 ÉTAPES pour Parvenir à la GUÉRISON
Jean-Jacques Robinet (co-auteur)	LE POUVOIR DU REIKI
Louise Jacob	S.O.S. Tour de taille, Tome 1
Lucie Bernier et Robert Lenghan	La Technique des Petits Bonshommes Allumettes
Nicole Cloutier	Fleurs de Bach; Je suis alchimie
Pierre Bergeron	COMMENT APPRENDRE À LIRE À MON BÉBÉ
Pierre Dubuc	PIONNIER DE LA CONSCIENCE PAR LA RÉGRESSION
Renaud Gallant	La SANTÉ autrement…

AUTEUR(E)	TITRE DU LIVRE
Sarah Diane Pomerleau	Mon auto, miroir de ma Vie
	Le Code Secret d'Isis et d'Osiris ADN
	Écriture inspirée et Canalisation des Guides
	Lecture de l'Aura et Guérison énergétique
	La Méthode Samsarah, (Tomes 1 et 2)
	Comment découvrir sa Mission de Vie
	Les Dauphins, ces Anges de la Mer
	Le Secret des Symboles et des Rêves (Tomes 1,2,3)
	La Reconnexion Planétaire : L'Égypte
	La Reconnexion Planétaire : Le Pérou
	J'apprends à m'aimer et à me faire confiance
Sarâ Julia	De la Loi d'Attraction à la Loi de Résonance

CDS DE MÉDITATIONS GUIDÉES, CONFÉRENCES ET MUSIQUE

AUTEUR(E)	TITRE DU CD (sur iTunes en 2015)
Denis Tremblay, Claude Demers	Parle aux anges[3]
	TERRE DE VIE[3]
France Veer	Vers la Santé globale et l'Harmonie[2]
Jacques Martel	ATMA, Guide de relaxation et d'harmonisation[2]
	ATMA, le corps de Cristal, le corps de Lumière[2]
	ATMA, la musique des Sphères[3]
	Comment développer plus de joie de vivre[1]
	Comment être à l'écoute de sa conscience[1]
	Comment la guérison passe par la conscience[1]
	La maladie, un appel de l'Âme à comprendre[1]
	HU, le chant de l'Univers (Mantra)[3]
	L'Amour, le vrai guérisseur[1]
	L'Amour déguisé et l'Amour vrai[1]
	L'être humain, lien entre le ciel et la terre[1]
	Maladie et guérison : est-il plus important de comprendre ou de guérir?[1]
Jean-Jacques Robinet	Sphères de Lumière[2]
Sarah Diane Pomerleau	Méditations guidées avec Les Dauphins, ces Anges de la Mer[2]
	Méditation guidée du Code Secret d'Isis et d'Osiris ADN[2]

1 Conférence
2 Méditation guidée
3 Musique

DISTRIBUTEURS ET ÉDITEURS MONDIAUX

DES PRODUITS DES ÉDITIONS ATMA INTERNATIONALES

Canada – Québec		
Éditeur	**Pays**	**Livres**
Les Éditions ATMA internationales 8400, boulevard Henri-Bourassa, local 200, Québec (Québec) Canada, G1G 4E2 Internet : www.atma.ca Courriel : info@atma.ca Téléphone : 001.418.990.0808 Télécopieur : 001.418.990.1115	Canada	Tous les livres d'ATMA
Distributeur	**Provinces**	**Livres**
Messageries ADP 2315, rue de la Province Longueuil (Québec) Canada, J4G 1G4 Internet : www.messageries-adp.com Courriel : adpcommercial@sogides.com Téléphone : 001.800.771.3022 Télécopieur : 001.800.603.0433	Québec et Nouveau-Brunswick	Tous les livres d'ATMA

Europe		
Éditeur	**Pays**	**Livres**
Éditions Quintessence – S.A.R.L. Holoconcept Rue de la Bastidonne, 13678 Aubagne Cedex – France www.editions-quintessence.com Tél. : +33 (0) 442.18. 90. 94 Fax : +33 (0) 442.18. 90. 99	France, Belgique, Suisse	Le grand dictionnaire des malaises et des maladies

Distributeur	Pays	Livres
DG Diffusion ZI de Bogues, 31750 Escalquens, France Internet : www.dgdiffusion.com Courriel : adv@dgdiffusion.com Tél. : + 33 (0) 561. 00. 09. 99 Fax : + 33 (0) 561. 00. 23.12	France et Belgique	Tous les livres d'ATMA
Distributeur	**Pays**	**Livres**
Transat S.A Ch. des Chalets 7, 1279 Chavannes-de-Bogis, Suisse Courriel : transat@transatdiffusion.ch Tél. : + 41 (0) 229. 60. 95.10 Fax : + 41 (0) 227. 76. 35. 27	Suisse	Tous les livres d'ATMA sauf Le grand dictionnaire des malaises et des maladies
Distributeur	**Pays**	**Livres**
OLF SA Z.I. 3 Corminboeuf 1701 Fribourg Suisse Internet : www.olf.ch Courriel : information@olf.ch Tél. : + 41 (0) 264. 67. 51. 11 Fax :+ 41 (0) 264. 67. 54. 66	Suisse	Le grand dictionnaire des malaises et des maladies
Éditeur	**Pays**	**Livres**
VAK Verlags GmbH Eschbachstraße 5 79199 Kirchzarten bei Freiburg Internet : www.vakverlag.de Courriel : info@vakverlag.de Tel. : +49 (0) 7661 / 98.71.50 Fax : +49 (0) 7661 / 98.71.99	Allemagne	Le grand dictionnaire des malaises et des maladies
Éditeur	**Pays**	**Livres**
Edizioni Sonda srl Corso Indipendenza 63 15033 Casale Monferrato (AL) Internet : www.sonda.it Courriel : sonda@sonda.it Tél. : +39 (0)142. 46.15.16 Fax : +39 (0)142. 46.15. 23	Italie	Le grand dictionnaire des malaises et des maladies

Éditeur	Pays	Livres
Partvonal Kiadó Apostol u.17, 1023 Budapest, Hungary Internet : www.partvonal.hu Courriel : emoke.krivanszky@partvonal.hu Tél. : +36 (1) 266.02.74	Hongrie	Le grand dictionnaire des malaises et des maladies + Les 5 ÉTAPES pour Parvenir à la GUÉRISON
Éditeur	**Pays**	**Livres**
SC Ascendent SRL Str Luigi Galvani nr. 20 bis, Sect. 2, Bucuresti Internet : www.edituraascendent.ro Courriel : office@edituraascendent.ro Tél. : +40 (0) 747.08. 53.71	Roumanie	Le grand dictionnaire des malaises et des maladies

Si vous êtes intéressés à la publication ou la distribution de nos produits, veuillez communiquer avec :

En français :

M. Denis Tremblay
denis.tremblay@atma.ca
+1-418-655-6572

En Anglais :

Mme Lucie Bernier
lucie.bernier@atma.ca
+1-581-996-7126

Achevé d’imprimer en août 2015